Eintauchen

in den
Wienerwald

ROBERT BOUCHAL
JOHANNES SACHSLEHNER

Eintauchen

in den Wienerwald

Natur, Geschichte & Kultur einer einzigartigen Landschaft

Styria VERLAG

SO SCHÖN IST DER WIENERWALD!

ZUR EINSTIMMUNG

1

Eine österreichische Landschaft
DER WIENERWALD

EINFACH EINTAUCHEN!

2

Von tausendjährigen Eichen
WALD UND BAUM

3

Verborgene Orte aus vergangener Zeit
FELSEN UND STEINE

4

Quellen der ewigen Jugend WASSER, BRUNNEN UND BRÜNDL

5

Romantische Ritterburgen BURGEN UND FESTEN

6

Der höchste Punkt des Wienerwaldes GIPFELBLICKE

ANHANG

Zur Einstimmung

„In ihren Wipfeln rauscht die Welt, ihre Wurzeln ruhen im Unendlichen … Nichts ist heiliger, nichts vorbildlicher als ein schöner, starker Baum.“
(Hermann Hesse)

Der Wald ist uns zum Sehnsuchtsort geworden. Zur Gegenwelt der Moderne. Nirgendwo sonst wird uns Natur so unmittelbar, so eindrücklich bewusst. In der Stille des Waldes, untermalt nur vom Rauschen der Blätter, vom Ächzen und Knarren der Äste, erleben wir Frieden und Zeitlosigkeit. Himmelwärts strebende Baumriesen künden von der Majestät des Lebens, in gewissem Sinn können sie uns Vorbild sein: Bäume, so meint der Förster Peter Wohlleben, „leben in einem inneren Gleichgewicht. Sie teilen sich ihre Kräfte sorgfältig ein, müssen haushalten, um alle Bedürfnisse zu erfüllen.“ Bäume ruhen so in der Mitte des Lebens, sie exerzieren uns vor, wie man Ressourcen an Kraft und Energie richtig ausbalanciert einsetzt. Sie wachsen langsam und doch stetig, ihr Rhythmus ist ein Rhythmus der Erhabenheit, jenseits der Hektik des modernen Alltags.

Für die Menschen in alter Zeit waren Bäume deshalb Abbild des Lebens schlechthin. Sie verkörperten Stärke und Kraft, Langlebigkeit und Wachstum, in vielen Fällen auch Fruchtbarkeit. Baum und Wald wurden zum Mittelpunkt von kosmologischen, anthropologischen und religiösen Vorstellungen, es entwickelten sich Kulte und Bräuche, die ihren Ursprung in diesen uralten Überzeugungen hatten. Einzelne Bäume oder Baumarten wurden direkt dem Numinosen zugeordnet, wie etwa bei den germanischen Völkern die Eiche dem Donnergott Thor. Nicht übersehen werden darf, dass die Eiche auch im Alten Testament eine Rolle spielt: So wird Abraham die Geburt seines Sohnes Isaak bei den „Eichen von Mamre“ in der Nähe von Hebron angekündigt. Weit verbreitet war die Annahme, dass Bäume von Schutzgeistern, Genien oder Nymphen, „beseelt“ wären – einen derartig „lebendigen“ Baum zu fällen war daher kein einfaches Unterfangen. Wer einen „Baumfrevel“ beging, musste noch im Mittelalter und in der frühen Neuzeit mit schweren Strafen rechnen.

Viele Bäume schaffen zusammen ein Ökosystem, das wir Wald nennen. Im Zusammenwirken der Bäume, in denen Peter Wohlleben „soziale Wesen“ erkennen will, entsteht Großartiges: Der Wald mildert Hitze- und Kälteextreme, er speichert Wasser und ist Lebensraum für zahlreiche Pflanzen und Tiere, die vielfach voneinander abhängig sind. In der Gemeinschaft des Waldes können Bäume ihr „Leben“ ideal entfalten. Der Wald ist ein „Superorganismus“: Bäume haben, so Peter Wohlleben, ein „Gedächtnis“, sie unterstützen sich gegenseitig über ihr Wurzelwerk, sie „sprechen“ über chemische Botschaften zu ihrer Umgebung und schließen Freundschaften mit ihren Artgenossen und mit anderen Lebewesen. Der Wald ist mehr als Holzlieferant, mehr aber auch als nur ein Ort der Erholung: Er kündet von Reichtum und Fülle des Lebens. Er ist ein echtes Stück Natur vor unserer Haustür.

Im verwunschenen Wald von Merkenstein: Blick aus der Färberkreuzhöhle. >

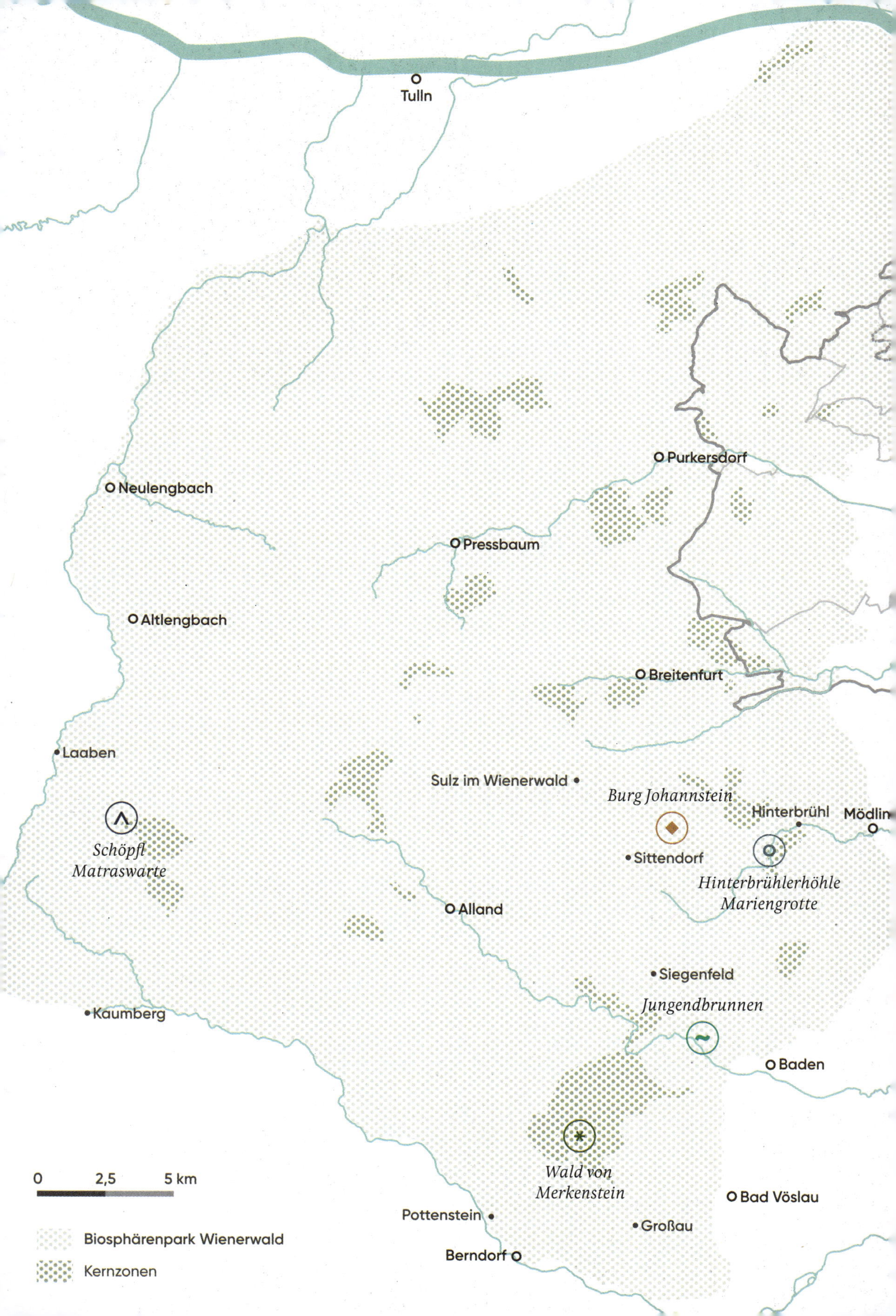

Tulln
Purkersdorf
Neulengbach
Pressbaum
Altlengbach
Breitenfurt
Laaben
Sulz im Wienerwald
Burg Johannstein
Hinterbrühl
Mödlin
Schöpfl
Matraswarte
Sittendorf
Hinterbrühlerhöhle
Mariengrotte
Alland
Siegenfeld
Kaumberg
Jungendbrunnen
Baden
Wald von
Merkenstein
0
2,5
5 km
Bad Vöslau
Pottenstein
Großau
Berndorf
Biosphärenpark Wienerwald
Kernzonen

Waldspaziergänge Übersichtskarte

Von tausendjährigen Eichen
WALD UND BAUM

Verborgene Orte aus vergangener Zeit
FELSEN UND STEINE

Quellen der ewigen Jugend
WASSER, BRUNNEN UND BRÜNDL

Romantische Ritterburgen
BURGEN UND FESTEN

Der höchste Punkt des Wienerwaldes
GIPFELBLICKE

+++++

Eine österreichische Landschaft

DER WIENERWALD

- VOM MONS CETIUM ZUM KAISERLICHEN WIENERWALD
- NEUE MYTHEN
- DER WIENERWALD SCHAFFT IDENTITÄT

1

Eine österreichische Landschaft

DER WIENERWALD

+++++

Der Wienerwald war nicht immer so, wie wir ihn kennen. Zwar war die steinerne Silhouette des Gebietes bereits vor Millionen von Jahren gegeben, es bedurfte aber noch der „Endgestaltung" der Landschaft durch Erosion: Während diese in der Kalksteinzone des südlichen Wienerwaldes bizarre und schroffe Gesteinsformen hervorbrachte, entstanden in der nördlichen Flyschzone runde, harmonische Bergkuppen. Die Kraft des abfließenden Wassers schnitt tiefe Talfurchen in den Stein, nicht zuletzt trug der Wechsel von Eiszeiten und wärmeren Zwischeneiszeiten zur Gestaltung der Landschaft bei. Am Ende der Eiszeit kam es durch das Ansteigen der Temperaturen zu einer Versteppung in den Niederungen, in den höher gelegenen feuchten Wäldern lebte eine mannigfaltige Tierwelt.

Der Wald selbst war immer wieder Veränderungen unterworfen: Pollenanalysen haben gezeigt, dass etwa um 5.000 vor Christus im Wienerwald ein Eichenmischwald, durchsetzt mit vielen Linden, dominierte. Um 2.400 vor Christus begann der Siegeszug von Buche und Tanne, Temperaturrückgänge um 1.500 vor Christus und 600–100 vor Christus bewirkten, dass in höheren Lagen der Anteil der Fichte stieg. Nur die genügsame Schwarzföhre überdauerte an ihren felsigen Standorten an der Thermenlinie auch die Eiszeit unbeschadet.

Irgendwann in der „Steinzeit" kam der Mensch in den Wienerwald. Er fand Schutz in den großen Höhlen wie der Merkensteiner Höhle oder der Einödhöhle, im zähen Ringen mit der Natur schaffte er es zu überleben. Er begann seine Lebenswelt zu gestalten, neue Technologien erleichterten die Beschaffung von Nahrung: Aus den Höhlen wurden Hütten, aus den Jägern und Sammlern wurden Bauern, die Besiedelung des Gebietes wurde dichter. Gegen Ende der Jungsteinzeit existierten auf manchen Kuppen der Wienerwaldberge bereits ausgedehnte Höhensiedlungen – gut dokumentiert ist etwa die urzeitliche Wallanlage am Buchberg bei Neulengbach.

Vom Mons Cetium zum kaiserlichen Wienerwald

Noch bevor römische Legionäre an die Donau vorstoßen und das inzwischen von Kelten besiedelte Land dem *Imperium Romanum* einverleiben, tritt der Wienerwald ins Licht der antiken Zivilisation. Der griechische Geograf und Astronom Claudius Ptolemäus (um 100 vor Christus), der die Erde als Scheibe sah und dessen Ehrgeiz es war, in seiner *Geographica* die gesamte bekannte Welt und ihre Bewohner zu beschreiben, erwähnt die Wienerwaldregion als *Cetius Mons,* ein Name, der auf das keltische Wort **ketios* (= „Waldberg") zurückgehen könnte. Die römische Verwaltung, die später die Provinzen Noricum und Pannonia einrichtete, behielt diesen Namen bei; die Grenze zwischen *Noricum* und der *Pannonia inferior* verlief mitten durch den Wienerwald, der zum Hinterland der massiv befestigten römischen Militärgrenze, des *Limes,* wurde. Wo einst keltische Karrenwege verlaufen waren, bauten römische Legionäre ihre festen Straßen: Von den Toren des Legionslagers *Vindobona* liefen sie nach *Aquae* (Baden) und *Comagena* (Tulln); erschlossen wurde die Verbindungen von *Cetium* (St. Pölten) über das Traisen- und Triesting-Gölsen-Tal ins südliche Wiener Becken und jene zwischen dem Wiental und *Cetium.* Die Römer legten ein ordnendes Netz über das Waldland, das bis heute unsere Orientierung bestimmt.

Nach dem Zusammenbruch der römischen Provinzialverwaltung kamen Westgoten, Hunnen und Langobarden, schließlich Awaren und Slawen, die mit ihren Siedlungen auch in die Wienerwaldtäler vordrangen. Doch die Macht der Zukunft nahte aus dem Westen: 791 holte Karl der Große zum entscheidenden Schlag gegen das Awarenreich aus und traf am *monte cumeoberg,* dem Westrand des Wienerwaldes, auf ersten Widerstand. 881 wird Wien als *Wenia* erstmals erwähnt, in den folgenden Jahrhunderten steigt es zum Zentrum der Region auf; in seinem Bannkreis, zwischen Wald und Stadt, entstehen zahlreiche Siedlungen bairischer Kolonisten: Grinzing, Sievering, Ottakring, Hacking, Speising und Hietzing.

Mit dem Vorstoß der Magyaren, die 907 ein bairisches Heer bei Pressburg vernichteten, wurde der Wienerwald wieder Grenzland; erst um die Jahrtausendwende gelingt es den babenbergischen Markgrafen, die Ostgrenze der von ihnen verwalteten *marchia orientalis* über den Wienerwald bis zu Leitha und March vorzuschieben.

Das alte steinerne Antlitz des Wienerwaldes wurde vom Wald überwuchert: Steinkoloss im Wald von Merkenstein, dem nachgesagt wird, ein „negatives" Kraftzentrum zu sein.

So viele Verdienste sich die Babenberger für das Wienerwaldgebiet auch erwarben – der Name „Wienerwald" lässt sich für die Zeit ihrer Herrschaft bis 1246 nicht nachweisen. Erst im 14. Jahrhundert, in einer Urkunde Herzog Albrechts II. für das Stift Heiligenkreuz aus dem Jahre 1332, ist von einer *Silva Viennensis* die Rede; ab 1368 wird in den Urkunden auch der deutsche Begriff „Wienner Waldt" verwendet.

Das „Privilegium minus" 1156, mit dem das babenbergische Herrschaftsgebiet zum Herzogtum erhoben wird, hat auch für den Wienerwald entscheidende Bedeutung: Das Waldland wird als unantastbares Jagdgebiet der Landesherren festgelegt, das mit dem „Jagdbann" belegte Gebiet unter Přemysl Ottokar in „Ämter" *(officia)* eingeteilt – genannt werden in der ersten Hälfte des 13. Jahrhunderts die Ämter Laab, Kogel, Mauerbach, Dornbach, Alland und Klosterneuburg. Ein „Forstamt" mit Sitz in Hütteldorf wird eingerichtet, es ist der Vorläufer zum späteren „Waldamt", das mit der Neuorganisation der Wienerwald-Verwaltung unter Kaiser Maximilian I. um 1500 geschaffen wird. Ein „Waldmeister" beaufsichtigt nun den kaiserlichen Wald, ihm zur Seite stehen ein „Waldschaffer", drei „Überreiter" sowie zwölf Förster, jeder Förster ist für sein „Forstamt" verantwortlich. 1511 wird ein erstes „Waldbuch" verfasst, das eingehend die Nutzung des Waldes regelt. Für Vergehen im Bereich des kaiserlichen „Bannwaldes Wienerwald" werden drakonische Strafen angedroht, so heißt es in Punkt 8: Wer einen Baum „swembt" und dabei ergriffen wird, dem soll man darum eine Hand abschlagen oder er löst die Hand für 5 Pfennige ab.

Und in Punkt 27: Item wer raubt und stiehlt an dem Wald, der ist des Halses verfallen (= zu hängen) und soll man mit 2 Zeugen überwinden (= hinrichten).

Noch strenger wurden, wie Alfred Bartak in seinem *Heimatbuch Hafnerberg-Nöstach* berichtet, nur die „Grenzfrevler" bestraft: So sollen Männer, die in Nöstach die Grenzsteine der „Ausmarchung" versetzt hatten, bis zum Hals eingegraben worden sein, dann habe man ihnen vor den Augen der versammelten Dorfbewohner die Köpfe „abgepflügt".

Der Wienerwald ist zu dieser Zeit zum Teil noch dünn besiedelt, verstreut im Inneren des Gebietes finden sich nur die Hütten der Holzfäller, die „Duckhütten". Anfangs von den Waldarbeitern nur zeitweilig als Unterkunft genutzt, werden diese hier später sesshaft – sie erhalten vom Waldamt das Recht, auf den Wiesen Vieh zu weiden, schließlich gehen die Gründe in ihr Eigentum über. „Hüttlerkolonien" dieser Art sind etwa Hochrotherd, das 1625 erstmals erwähnt wird, oder Wolfsgraben. Im Jahre 1678, knapp vor dem Türkensturm von 1683, werden bei einer Begehung durch das Waldamt 184 Hütten gezählt, davon sind 125 Ganzhüttler, 37 Halb- und 22 Viertelhüttler. Leistungen und Gegenleistungen sind exakt geregelt, für den Ganzhüttler gilt: Er darf 5 Kühe und Ochsen halten, dazu zwei junge Kühe, die noch nicht trächtig sind, sowie 5 Schweine. Dafür muss er pro Jahr 16 Klafter gehacktes Holz und 16 Klafter aufgebrachtes und zugeführtes Holz aufbringen (1 Klafter = 6,82 m^3).

Pittoreske „Gegenden" werden im Biedermeier zur touristischen Attraktion: das enge Tal der Klausen bei Mödling. Ansichtskarte, um 1900.

Der Schatz des Wienerwaldes: Holz. Das „Taxbüchl" aus dem Jahr 1671 unterscheidet gleich 75 verschiedene Holzarten.

Ein interessantes Detail aus dem Alltag der Holzhacker ist aus dem Jahre 1766 zu berichten: Maria Theresia verbot damals das Fällen der Bäume durch Umhacken, erlaubt war von nun an nur mehr das Umschneiden der Bäume mit der Zugsäge.

Gegen Ende des 18. Jahrhunderts setzte dann jene Entwicklung ein, die zu einer neuen Sicht des Wienerwaldes führte: Aus dem bisher nur unter dem technischen Aspekt der Nützlichkeit wahrgenommenen Holz-, Holzkohle- und Kalkproduzenten Wienerwald wurden die sentimental-romantisch gesehenen „Gegenden" um Wien, es begannen die Entdeckung und touristische Erschließung der nunmehr „malerischen" Landschaft. Bislang eher gemieden, wurde nun die Natur zum großen Erlebnis, auf Wanderungen und Spazierfahrten genoss man Szenerien und „Partien", Wege wurden angelegt und Aussichtstürme gebaut, künstliche Ruinen gaben den letzten Kick.

Zum romantisch inspirierten Wienerwaldmythos, der nicht zuletzt zur intensiven Auseinandersetzung mit der Sagenwelt der Region geführt hatte, gesellte sich in den letzten Jahrzehnten des 19. Jahrhunderts ein neuer Aspekt, der rasch Anhängerschaft fand: Im Gefolge des kaum auf Widerspruch stoßenden Germanenwahns der deutschen Bildungseliten geben nun auch österreichische Volkskundler und Mythomanen ihr Bestes, um den Wienerwald dem nordischen deutschen Wald „anzuschließen". Ohne Rücksicht auf die tatsächliche Besiedlungsgeschichte wurde er zur bizarren germanischen Fantasy-Welt uminterpretiert, zu einer Symbol- und Traumlandschaft, in der die Götter Walhallas ihre vielfachen Spuren hinterlassen hätten. In diesen Darstellungen verwandelten sich Wälder um Wien in das Reich des gewaltigen Götterkönigs Wuotan und der lieblichen Freya, in das Land der düsteren Todesgöttin Helia und der heilkundigen „Hechsen", die hier im „Ringel-Ringel-Reihen ihre Zauberlieder sangen".

Zum vielgelesenen Meister dieser „neuheidnischen" Fantasien schrieb sich der deutsch-völkische Wiener Esoteriker Guido von List (1848–1919) hoch. List, Sohn eines Kaufmanns und ab 1877 als freier Publizist tätig, sah sich selbst als Priester eines alten Wuotanskults und glaubte fest an die kulturelle Überlegenheit des „arischen" Menschen. Mit 14 Jahren, so berichtete er später, hätte er in der Krypta des Wiener Stephansdoms sein „Bekehrungserlebnis" gehabt: Er hörte eine Stimme, die ihm auftrug, dem Wuotan einen Tempel zu errichten. Schwärmerische Liebe zur Natur und ein bedingungsloser Germanenkult verbanden sich alsbald zu einem seltsamen Gemisch.

Exemplarisch etwa Lists Interpretation des Helenentals, das er zur „großen Heilstatt" unserer Vorfahren erklärt, bestehend aus den beiden Burgen Rauheneck und Rauhenstein sowie dem Kirchlein St. Helena. Diese Trias verkörpere die „heilige Drei", Geburt, Leben und Tod bzw. Werden, Walten und Vergehen. Aber auch die schreckliche Helia hätte im Helenental (= Heliatal!) ihr landschaftliches Symbol gefunden: „Dort, wo die Riesen Burgen bauen, dort ist das Reich des Todes, des Winters, und darum liegen unten im Tal das Schloss der Todesgöttin Helia und ihr Opferstein, der ‚Urteils-Stein' oder ‚Urdas-Stein'." Eine zentrale Rolle spricht er der Burg Rauhenstein zu, die eine „Wuotans-Heilstätte" und „geheiligte Stätte des ‚Waltens'" gewesen sei, zugleich aber auch Sitz eines „heimlichen Gerichts", das in seiner Fantasie einmal historische Wirklichkeit war: „Da traten auf verhehlten Wegen zu nächtlicher Zeit vermummte Gestalten im spenstigen Dämmer des monddurchflimmerten Forstes zusammen, um auf heimliche Weise das alte Sonnenrecht der Deutschen zu hegen und zu pflegen, auf dass es späteren Geschlechtern wieder leuchten möge."

NEUE MYTHEN

Der Wienerwald wird so zur Ideallandschaft der Antimoderne stilisiert, zu einem Moment der Hoffnung, das gegen die Eckpfeiler der „ungermanischen" Moderne ins Treffen geführt wird: gegen Demokratie und Rechtsstaat, gegen Christentum und Kosmopolitismus. Diese Natur ist nicht mehr unschuldig: Sie wird von List und seinen Mitstreitern ideologisch und politisch „aufgeladen", unablässig betonen sie deren gleichsam sakrale Qualität, um unangreifbar zu bleiben. Der Kunstgriff, mit dem die Mythomanen des Germanentums arbeiteten, wird bis heute gerne kopiert: Die Geste des „Enttarnens" von versteckten Bedeutungen und vermeintlichen Geheimnissen besitzt eine Überzeugungskraft, der man als Leser nur schwer widerstehen kann.

Sage um Sage wird so herangekarrt, neu erzählt und „germanophil" interpretiert; seien es nun die drei Frauen auf dem Frauenstein, in denen man die Schicksalsgöttinnen erblicken will, oder die Riesenfamilie auf dem Anninger, die mit Thor und dem Riesen Tiassi in Zusammenhang gebracht wird: Der Bezug zur nordisch-germanischen Mythologie wird hergestellt, ohne nur den geringsten Zweifel an der Richtigkeit dieser Spekulation aufkommen zu lassen.

Unter jenen Adepten, die sich für den germanisch-deutschen Wienerwald begeistern, ist auch ein junger Mann, der eigentlich nach Wien gekommen ist, um hier an der Akademie der bildenden Künste zu studieren, jedoch an der Aufnahmsprüfung gescheitert ist und nun sich mit Gelegenheitsarbeiten über Wasser hält. An einem Sonntag im Frühling des Jahres 1908 entdeckt der damals 19-jährige Adolf Hitler den Zauber des Wienerwaldes für sich: Gemeinsam mit seinem Freund August Kubizek verlässt er die enge und muffige Wohnung in der Stumpergasse 29, im „dunklen Stadtrock und den leichten Straßenschuhen" geht es bei herrlichem Wetter über Sievering dem „ersten Ziel" entgegen: dem Hermannskogel – eine Wahl, die für Hitler, den begeisterten Sagenleser und Kenner der germanischen Mythologie, sicherlich kein Zufall ist! Sein Begleiter August Kubizek erinnert sich später: „Ich spürte förmlich, wie wohl Adolf nach dem wochenlangen Sitzen über Büchern und Zeichenblättern die Wanderung tat." Bei der Habsburgwarte geloben sich die beiden Freunde, von nun an „öfters hinauszuziehen" und die Schönheit des Waldlands zu genießen.

+++++

Alte Gemäuer wie die Burgruine Johannstein im Naturpark Sparbach inspirieren die Fantasie von Romanautoren und Mythomanen.

Romantisch inszenierte Gegenwelt: Burg Liechtenstein, aus den Ruinen neu erbaut von Fürst Johann I. von Liechtenstein.

⊕

Der Wienerwald schafft Identität

Mit dem Verlust der überregionalen Perspektive nach dem Zusammenbruch der Donaumonarchie gewinnt der „große Erholungsgarten" Wienerwald für den um seine Identität ringenden Kleinstaat eine bisher unbekannte Qualität: Der Wienerwald wird zur österreichischen Landschaft schlechthin stilisiert. In ihrem Wienerwaldbuch aus dem Jahre 1924 wollen Egid Filek und Emmerich Schaffran in ihm sogar die „Seele des viel verkannten, viel gelobten, vielgescholtenen und im Wesen sogar von den Brüdern aus dem Deutschen Nachbarreich noch immer zu wenig begriffenen österreichischen Volkes" gespiegelt sehen, dafür würden „der Duft und das Waldesrauschen und der selige Traum der weiten Fernen, der um jene besonnten Höhen schwebt", sprechen. Ähnlich argumentiert auch der Lyriker und Obermagistratsrat Wolfgang Madjera (1868–1926) in seinem Büchlein *Die österreichische Landschaft* – auch er sieht im Wienerwald den „natürlichen Vater des Wiener Gemütes", der „dithyrambisch-sentimentale Charakterzug", der die Wienerwaldlandschaft kennzeichne, finde sich „im Gemüte des Wieners unverfälscht wieder". Als Beleg für seine These führt er das Sommerhaus der Familie Strauß in Salmannsdorf, Dreimarksteingasse 13, an: Hier habe der erst sechsjährige Johann Strauß, inspiriert von „Wienerwaldluft", seinen ersten Walzer erfunden und der „heitere Rhythmus der wogenden Wienerwaldberge" sei auch in seinen späteren Werken immer wieder „zu Tönen" geworden; Ähnliches gelte auch für Beethovens Pastoral-Symphonie, die überfließe von den „weichen Gefühlen, mit denen diese Landschaft eine schöne Seele" gefangen nehme, und die Musik Franz Schuberts sowie die Dichtkunst Ferdinand Raimunds.

Der „Duft und das Waldesrauschen und der selige Traum der weiten Fernen“: eine österreichische Landschaft, die bezaubert und gefangen hält. Künstlerpostkarte zum Johann-Strauß-Walzer „G'schichten aus dem Wienerwald“, gestaltet von W. H. Braun, um 1925.

DER WIENERWALD SCHAFFT IDENTITÄT

Nach der Befreiung von der Nazi-Herrschaft wird diese herausragende Bedeutung noch einmal bestätigt: „Der Wienerwald ist den Wienern heilig und unantastbar, sozusagen sakrosankt“, liest man in Ernst Marboes *Österreichbuch* von 1948, herausgegeben im Auftrag des Bundespressedienstes, von „diesem von der Natur so ausgezeichneten Platz“ gehe mitunter ein „unbeschreiblicher Zauber, eine unbezwingbare Lockung“ aus, sich ihm „rasch zu nähern, auszuruhen und zu verweilen“. Und auch die Symbiose von Kunst und Landschaft wird weiterhin beschworen, so in dem von Egon Fenz 1962 herausgegebenen Bändchen *Kulturstraße im Wienerwald,* in dem sich u. a. Norbert Tschulik mit der Beziehung Beethovens zum Wienerwald näher auseinandersetzt. Sein Urteil: Im Wienerwald werde die „österreichische, die wienerische Musikatmosphäre in landschaftlicher Metamorphose förmlich sichtbar“, Beethoven habe sich nicht nur vom „Bächlein in Heiligenstadt und von den Wäldern im romantischen Helenental“ inspirieren lassen, sondern auch von Mödling und dessen Umgebung, für ihn sei die Natur „sakraler Raum“ gewesen. Tschulik führt dazu eine handschriftliche Notiz des Komponisten aus dem Jahre 1815 an: „Allmächtiger im Walde, ich bin selig glücklich im Wald, jeder Baum spricht durch dich, o Gott, welche Herrlichkeit in einer solchen Waldgegend, in den Höhen ist Ruhe, Ruhe ihm zu dienen.“ Und Tschulik zitiert den Maler August von Klöber, der berichtet, wie die Wienerwaldlandschaft für Beethoven tatsächlich zum Raum seiner künstlerischen Arbeit wird: „Bei meinen Spaziergängen im Wiener Walde begegnete mir Beethoven mehrere Male, und es war höchst interessant, wie er, ein Notenblatt und einen Stummel von Bleistift in der Hand, öfters wie lauschend stehenblieb, auf- und niedersah, und dann auf dem Blatt Noten verzeichnete ... Das eine Mal, als ich gerade eine Waldpartie aufnahm, sah ich ihn mir gegenüber eine Anhöhe aus dem Hohlweg, der uns trennte, hinaufklettern ... oben angelangt, warf er sich unter einen Kieferbaum lang hin und schaute lang in den Himmel hinein.“

Inzwischen müssen wir weder Wuotan noch die schreckliche Helia noch Beethoven als Zeugen für die Bedeutung des Wienerwaldes anrufen: Die Kraft und der Zauber dieses einzigartigen Naturraums sind uns gegenwärtiger denn je. Er ist ein Stück Heimat, das wir als Gegenwelt zum urbanen Alltag nicht missen wollen, eine faszinierende Kulturlandschaft, die uns Einladung und Herausforderung zugleich ist.

Die warmen Strahlen der Herbstsonne spüren.

*****

Eintauchen in die Schönheit des Waldes

- DAS WALDGEBIET UM DIE BURGRUINE MERKENSTEIN
- DIE SIEBEN EICHEN VON KALTENLEUTGEBEN
- DIE TAUSENDJÄHRIGE EICHE AM HAABERG
- DER BAUM DER TEILUNG IN NÖSTACH
- ZWEI EICHEN IM LAINZER TIERGARTEN
- DIE TÜRKENHASEL VON ALLAND

WALDSPAZIERGANG

Eintauchen in die Schönheit des Waldes

Durch den Urwald von morgen

Wanderung zum Buchenmethusalem im Merkensteiner Wald

Bäume sind Individuen, sagt Peter Wohlleben und kein Baum ist wie der andere. Manche bekommen schon früh Falten und Risse, andere bewahren ihre glatte Rinde bis ins hohe Alter. Nirgendwo kann man diese faszinierende Vielfalt besser studieren als im Wienerwald. Eine kleine Wanderung in der Kernzone „Hoher Lindkogel" des Biosphärenparks Wienerwald führt uns dies eindrucksvoll vor Augen. Hier wächst, geschützt vor dem zerstörerischen Eingriff des Menschen, der Urwald von morgen heran.

Unser Ausgangspunkt ist die **Jausenstation Haidlhof** in Bad Vöslau. Wir wandern ein kurzes Stück auf der asphaltierten Straße und biegen dann rechts in die Forststraße ein, die uns vorbei am **Färberkreuz** und an der **Färberkreuzhöhle** zur **Burgruine Merkenstein** und **Schloss Merkenstein** führt. Um die durch den Wald angelegte Forststraße nicht zu gefährden, hat man hier einige Bäume umgeschnitten und diese auf dem Boden liegend zurückgelassen. Der aufmerksame Wanderer wird auch den deutlichen Unter-

* * * * *

<

Lebensraum für zahlreiche Pilzarten, Insekten, Vögel und Fledermäuse: Totholz in der Kernzone „Hoher Lindkogel".

schied zwischen Sommer und Winter erkennen. In den kalten Wintermonaten sehen wir zwischen den kahlen Ästen schon die Burgruine Merkenstein durchragen. Nach dem ersten starken Frühlingsregen verwandelt sich jedoch der schüttere Wald in einen dichten Urwald. Zwischen den üppig mit Blättern bestückten Bäumern sprießen Unkraut und Brennnesseln empor. Der Wald zeigt sich als dichter, fast undurchdringlicher Dschungel und die Burg wird zum unsichtbaren Dornröschenschloss.

Rechts und links vom Weg haben wir Gelegenheit, umgestürzte Bäume und abgestorbenes „Totholz" zu studieren. Zahlreiche Pilzarten, Insekten, Vögel wie der Weißrückenspecht und sogar Fledermäuse haben hier ihren Lebensraum. Die im Absterben begriffenen Buchenstämme sind bei Alpenbock-Weibchen besonders beliebt: Die auffällig blauen Käfer legen hier ihre Eier ab, aus denen Larven schlüpfen, die sich drei bis vier Jahre lang (!) durch das Totholz fressen.

Unmittelbar vor dem Zaun, der das Gelände des **Schlosses Merkenstein** begrenzt, halten wir uns rechts, passieren eine Schranke und wandern entlang der Mauer des Schlosses weiter in Richtung **Schutzhaus Eisernes Tor** am Hohen Lindkogel. Der Weg, auf dem wir uns bewegen, erlaubt es uns, immer wieder einen Blick in das heute bewohnte Schlossareal zu werfen. Schon nach wenigen Minuten erreichen wir eine idyllische Waldwiese, auf der zur linken Hand vor einer Forsthütte ein gewaltiger Baumriese unsere Augen auf sich zieht: Eine altehrwürdige Weißbuche, die „Große Mutter" dieses Waldstückes, ragt hier in den Himmel. Flankiert von zwei kleineren Buchen und einer riesigen Schirmföhre steht sie hier als eindrucksvoller Vertreter ihrer Art. Auch im Wienerwald ist ein Großteil der Baumbestände relativ jung, doch dieser zerzauste Baumveteran ist uralt. Der knorrige, von Rissen durchfurchte Stamm der Buche mit seinen dicken Wülsten – zwei Menschen können ihn nicht umspannen – hat wohl schon einige Jahrhunderte ins Land gehen sehen. Als wahrer Methusalem des Wienerwaldes wacht er Wind und Wetter trotzend über die stille Lichtung.

Wer sich fit und konditionsstark fühlt, kann nun den Weg weiter zum **Schutzhaus Eisernes Tor** nehmen. Im Winter, wenn der Schnee dicht und hoch den Waldboden bedeckt, empfiehlt sich hier eine Schneeschuhwanderung – ein besonderes Highlight! Wer lieber noch einen genaueren Blick auf die **Burgruine Merkenstein** werfen möchte, dreht hier nach einer kurzen Rast auf der Wiese um, und wandert zurück zur sagenumwobenen Feste, einem magischen *Lost Place* der fernen Ritterzeit.

Charakteristik:
Erholsame, leichte Wanderung ohne besondere Anforderungen

Gesamtgehzeit:
Etwa 1,5 Stunden

2

Von TAUSEND-JÄHRIGEN *Eichen*

*****

Wenn wir vom „Zauber" des Waldes sprechen, so schwingt darin eine Ahnung des Religiösen. Der Wald war dem vorchristlichen Menschen nicht nur Natur und Lebensraum, er war ein Mysterium. Ein archaisches Symbol des Heiligen. Der Wald war, wenn man so will, der erste Tempel des Menschen, der Ort der Begegnung mit dem Göttlichen.

Die Götter „vermehrten" sich und das Bild des Waldes veränderte sich: Er wurde zum Tummelplatz diverser Geister und Dämonen, aus dem heiteren Hain wurde vielfach düsterer Forst, bewohnt von zahlreichen Waldgespenstern: Kobolden und Zwergen, dem Hehmann und dem Riesen Bockerlfraß und von der Trud, die des Nachts in die Hütten kam und die Schlafenden quälte. Man fürchtete sich vor Irrlichtern und der Wilden Jagd, vor dem buckligen Moosweiberl und natürlich auch vor dem auf Opfer lauernden Teufel. Glaube und „Aberglaube" waren kaum voneinander zu trennen. Was bei den Bewohnern des Waldes blieb, war der tiefe Respekt vor der Natur: Die Holzfäller schlugen drei Kreuze, bevor sie an das Fällen eines Baumes gingen, manchmal kerbten sie Kreuzzeichen auch in die gefällten Stämme. Der stehen gebliebene Stock musste sorgfältig geputzt und geglättet werden, konnte es doch sein, dass herumirrende arme Seelen oder auch die Gottesmutter Maria darauf Platz nehmen würden. Sie wussten, dass sie es nicht mit totem Holz, sondern mit Leben zu tun hatten.

<

Auf dem Weg in vergangene Zeiten.

Das Waldgebiet um die Burgruine Merkenstein

Kein anderer Teil des Wienerwaldes ist so intensiv von Geschichte und Geschichten durchwoben wie das Gebiet rund um die Burgruine Merkenstein. Die verfallene Feste auf einem felsigen südlichen Ausläufer des Hohen Lindkogels bildet das magische Herz dieser verwunschenen Waldlandschaft. Genau hier ereigneten sich vom Mittelalter bis in unsere Zeit die unglaublichsten Geschichten. Sowohl im Positiven wie auch im Negativen. Wer sich ein Bild von dieser Zauberwelt machen möchte, benötigt zumindest einen ganzen Tag, um einen ersten Eindruck zu erlangen. Will man jedoch diese faszinierende, manchmal erschreckend unheimliche Waldeinsamkeit näher kennenlernen, so lohnt es sich, öfter hierherzukommen. In geballter Konzentration findet sich hier alles, was den Wienerwald so anziehend macht: eine geheimnisvolle Ruine, Höhlen, seltsame Steinformationen und spektakuläre Baumgestalten. Menschen, die auf der Suche nach einer „Anderswelt" als Gegenpol zum hektischen Alltag sind, die den unmittelbaren Kontakt zur Natur suchen, finden hier zahlreiche Plätze, die zur Besinnung und zur Meditation laden.

Auf den vielen Forschungstouren in dieses Waldgebiet begegneten uns zwei Personen, die wir in Verbindung mit Burg Merkenstein unbedingt nennen wollen: Es sind dies die leider schon verstorbene Frau Ernestine Klinger und ihr damaliger Lebensgefährte „Herr Rudolf". Beide verbrachten hier sehr viele Tag und verlebten oft gemeinsam die Wochenenden in Merkenstein. Frau Klinger hatte die Burgruine gepachtet und einer ihrer großen Träume war es, dass irgendwann einmal die Burg mit dem noch vorhandenen Steinmaterial wiederaufgebaut und so der Nachwelt erhalten bleiben würde. Sie wollte keine Restaurierung oder Wiederinstandsetzung mit modernen Einbauten! Ihr Ziel war es, den derzeitigen Zustand zu erhalten und die durch Verwitterung und Frostsprengung abgebrochenen, jedoch originalen Gebäudeteile der Burg zurückzugeben. Ein Vorhaben, das den Willen und den Tatendrang mehrerer Generationen erfordert hätte! Bereits die erste Begegnung mit ihr, die sieben Stunden lang dauerte, führte zu Sympathie zwischen uns und der alten energischen Dame und sie hieß uns ab diesem Augenblick immer herzlich willkommen. Sie freute sich förmlich, wenn wir da waren, und wir nutzten diese Begegnungen, um viel über die Burg und ihre Geschichten zu erfahren. Es stellte sich heraus, dass Frau Klinger „ihrer" Burgruine wirklich vom ganzen Herzen zugetan war. In unserer Darstellung der Waldlandschaft um Merkenstein soll daher auch ihrer gedacht werden.

>

Das magische Herz einer verwunschenen Waldlandschaft: die Burgruine Merkenstein.

Als wären die gewaltigen Felsblöcke von Riesen hier abgelegt worden: Seltsame Steinformationen begleiten den Wanderer auf dem Weg zur Ruine.

Ausgangspunkt für unsere Wanderung zur Burgruine Merkenstein ist die Jausenstation Haidlhof beim gleichnamigen Gutshof in Bad Vöslau. Der Haidlhof wurde im 14. Jahrhundert als „Meierei" errichtet, von der aus Burg Merkenstein mit Nahrungsmitteln versorgt wurde; heute betreibt hier die Veterinärmedizinische Universität Wien eine hoch spezialisierte Forschungsstation, u. a. wird hier das Verhalten von Raben und Keas studiert. Nachdem wir uns vor dem Start noch mit einigen der hier angebotenen regionalen Köstlichkeiten versorgt haben, wandern wir vom Haidlhof ein kurzes Stück auf der asphaltierten Straße Richtung Heiligenkreuz und biegen dann rechts in eine Forststraße ein, die zu einem Haus am Waldrand führt. Absolvieren Sie dieses Wegstück sehr flott und halten Sie sich hier nicht lange auf. Aus irgendeinem Grund werden hier die Autofahrer und ganz besonders die Motorradfahrer zum Gasgeben animiert – es wird behauptet, dass hier unten auf der Straße bereits eine Art „Strahlung" vorherrscht, welche so manchen Verkehrsteilnehmer zum leichtsinnigen Raser werden lässt. So manch tragischer Unfall soll auf dieses Phänomen zurückzuführen sein.

MYSTISCHES WEGZEICHEN: DAS FÄRBERKREUZ

Hat man die ersten Bäume erreicht, so fühlt man sehr schnell, dass der Wald den Besucher willkommen heißt – er „saugt" ihn förmlich an und erfüllt ihn ganz mit seiner Präsenz. Als Kernzone „Hoher Lindkogel" des Biosphärenparks Wienerwald ausgewiesen, ist heute diese Naturlandschaft wieder sich selbst überlassen, um den „Urwald von morgen" zu gebären. Es ist faszinierend, die abgestorbenen und manchmal bereits umgestürzten Bäume anzusehen. Das „Totholz" ist Refugium und Rückzugsgebiet für viele Insektenarten. Hier erblickt man die sonderbarsten Formen absterbender Bäume. Der im Boden fest verankerte Stamm bleibt manchmal noch aufrecht stehen, während die Baumrinde schon abgeworfen wird. Es sieht so aus, als hätte sich der Baum wie eine Schlange gehäutet.

Schon nach kurzer Zeit gelangen wir zu einem wahrhaft mystischen Wegzeichen: Wir stehen vor dem steinernen Färberkreuz von Merkenstein, einem stark verwitterten Tabernakelbildstock, der aus dem 16. Jahrhundert stammen soll. Welche Ereignisse, welche Schicksale mögen sich dahinter verbergen?

Ab dem Färberkreuz erinnern uns die Felsformationen, die nun in malerischer Monumentalität rechts am Berghang inmitten des Waldes auftauchen, an die Wackelsteine des Waldviertels. Große Felsblöcke liegen hier wie ausbalanciert übereinander. Wenige Schritte danach, hinter einem Felsvorsprung, passieren wir die kleine Färberkreuzhöhle und etwas später die ehemalige Toranlage, durch die man das Gelände der Burg betrat.

DAS RÄTSEL UM DEN UNTERIRDISCHEN SAAL UNTER DEM „TURNIERPLATZ"

Obwohl wir bereits sehr nahe an die Burgruine Merkenstein herangekommen sind, sehen wir sie noch immer nicht – der dichte Wald verdeckt die Sicht auf das alte Gemäuer. Am Fuße der Burgruine entdecken wir eine große, nach starken Regenfällen von Brennnesseln und Unkraut völlig überwucherte, jedoch ziemlich ebene Fläche. Hier steht noch der Rest eines großen Baumes. Dieser Stamm ist hohl und hat einen enormen Durchmesser. Man kann in den Baum hineinsteigen und umhüllt von der Kraft des Baumes von innen nach oben zur offenen Bruchstelle blicken. Ein beeindruckendes Erlebnis!

An der Stirnseite dieses Platzes ist aus Natursteinen eine Mauer errichtet worden, die ihn offenbar gegen den tiefer gelegenen Forstweg abstützen sollte. Manche Leute sprechen hier von einem „Turnierplatz" – Kenner der mittelalterlichen Welt halten allerdings nicht zu Unrecht dagegen, dass der Platz für ein Turnier mit Pferden viel zu klein gewesen sei.

Und dann gibt es da noch ein Mysterium: Es wird berichtet, dass sich unterhalb dieses Platzes ein sehr großer unterirdischer Raum befinde, ja, angeblich handle es sich dabei sogar um eine „Säulenhalle". Nur zwei Personen, ein ehemaliger Förster namens Witt und ein Forstarbeiter, hätten diesen Raum im letzten Jahrhundert gesehen. Die beiden seien über einen unterirdischen Gang, welcher im Brunnen auf dem Grundstück von Schloss Merkenstein seinen Ausgang nehme, bis zu dieser ominösen Halle gelangt. Sie hätten es jedoch nicht gewagt, den unterirdischen Saal zu betreten, zu groß sei die Angst gewesen, dass das völlig desolate Gewölbe hätte einstürzen können.

Ein bis heute noch immer sichtbarer Gewölbebogen in dieser Mauer bestärkt die Annahme, dass an dieser Geschichte etwas dran sein könnte. Ein weiteres Indiz: Als das Bundesheer vor vielen Jahren auf dem „Turnierplatz" ein Lager errichtete, brach angeblich ein Lastkraftwagen, der auf das Gelände gefahren war, mit einem Zwillingsrad seiner Hinterachse ein. Auf die Frage an Frau Klinger, ob man hier nicht einmal nachsehen und eine Grabung veranlassen könnte, meinte die Dame: Ein Unternehmen dieser Art koste zu viel, abgesehen davon befürchte sie, dass die „Leute" in ihrer Abwesenheit das Holz von der Pölzung des Stollens stehlen würden.

DER EISKELLER VON MERKENSTEIN

Hat man den „Turnierplatz", der heute wegen umgefallener Bäume nicht mehr ohne Hindernisse zu passieren ist, hinter sich gelassen, so gelangt man links vom Forstweg zu einem in sehr schlechtem Zustand befindlichen Eiskeller, der sehr geschickt in den Hang hineingebaut worden ist. Mit ziemlicher Sicherheit gehörte dieser Eiskeller jedoch nicht zur Burg, sondern zum Schloss Merkenstein, das ja ebenfalls in unmittelbarer Nähe liegt. Vor vielen Jahren befand sich hier sogar noch der aus Holzbrettern gefertigte Türflügel des Eingangstores.

Auch in einer Zeit, in der es weder Kühl- noch Gefrierschränke gab, versuchte man Fleisch und andere Lebensmittel über

Rätselhafter Tabernakelbildstock aus dem 16. Jahrhundert: das Färberkreuz.

Indizien für die mögliche Existenz der mysteriösen „Säulenhalle" von Merkenstein: die Stützmauer des „Turnierplatzes" und der noch immer sichtbare Gewölbebogen in dieser Mauer.

*****

Unterirdische Harmonie: der Eiskeller von Merkenstein. Durch die Öffnung im Bild oben wurden die Eisblöcke in den Keller eingebracht. Der Zerfall ist jedoch nur mehr eine Frage der Zeit: Frostsprengungen zerstören allmählich die Kuppel des Baus.

einen längeren Zeitraum zu lagern. Die Haltbarkeit steigerte sich, je stärker Kälte oder Eis auf die Lebensmittel einwirkten. Dieses Phänomen war bekannt und so baute man nicht nur in Wien, sondern auch im Wienerwald große, aus Naturstein oder Ziegel errichtete Eiskeller. Viele dieser Bauwerke sind bereits zerstört und abgetragen worden. Im Schlosspark von Laxenburg, auf dem Cobenzl (siehe dort) und hier, im düsteren Wald von Merkenstein, hat man die seltene Gelegenheit, diese alten Zweckbauten noch zu sehen. Das Prinzip ist einfach: In der kalten Jahreszeit wird in einem eingefassten Teich Wasser gesammelt, dann wartet man darauf, dass es gefriert. Das so entstandene Eis zerschlägt man anschließend mit Hämmern und Spitzhacken in kleinere Blöcke. Mit Schubkarren werden diese Eisblöcke in einer im Waldboden errichteten sehr großen Steinkammer von oben eingebracht. Man füllt diesen unterirdischen Raum, so weit es geht, mit Eis an und verschließt ihn mit einem Deckel. Der dadurch geschaffene gewaltige Eisklumpen beginnt aufgrund des Fehlens von Sonnenschein und Wärme und wegen der niedrigen Umgebungstemperatur nur ganz langsam zu schmelzen. Das Eis hält hier sehr lange und kühlt auch die in einer benachbarten Kammer gelagerten Lebensmittelvorräte.

Der Eiskeller von Merkenstein ist ein unglaublich schöner, harmonisch anmutender Bau, dessen Bestand nicht mehr von langer Dauer sein wird. Frostsprengungen und das eindringende Wasser machen der Kuppel der Eiskammer, die aus Ziegeln errichtet wurde, bereits schwer zu schaffen. Es ist nur mehr eine Frage der Zeit, bis auch dieses Bauwerk einstürzen und verfallen wird.

SCHLOSS MERKENSTEIN UND SEIN EHEMALIGER TIERGARTEN

Wir kommen in unmittelbarer Nähe des Eiskellers zum verschlossenen Eingangstor von Schloss Merkenstein und können so nur aus einiger Entfernung einen Blick darauf werfen. Heute in privatem Besitz und originalgetreu renoviert, war das von den Architekten August Schwendenwein und Johann Romano von Ringe für den Grafen Eduard Münch-Bellinghausen im Tudorstil errichtete Gebäude lange Zeit eine Ruine. Hier trafen sich damals selbsternannte Druiden und Geisterbeschwörer, die Wände waren mit seltsamen Zeichen bemalt und es gab in so manchen Räumen Spuren von Lagerfeuer.

Rund um das kleine Schloss, dessen Vorgängerbau ein 1801 bis 1803 für Joseph Carl Graf Dietrichstein errichtetes Landhaus im Schweizer Stil war, erstreckt sich der große ehemalige Tiergarten, den man auf alten Plänen und Landkarten mit der Bezeichnung „Tierpark" findet: Es sollen hier einst Rehe und anderes Wild gehalten worden sein. In diesem abgesperrten Gelände befindet sich auch der erwähnte Brunnen, über den man angeblich den unterirdischen Gang, der unterhalb des Turnierplatzes in die Säulenhalle führen soll, erreichen konnte. Leider ist der Zugang über den Brunnen heute nicht mehr möglich, da zu einem späteren Zeitpunkt neue Brunnenringe gesetzt wurden, die einen Einstieg zum alten, wesentlich größeren Brunnen unmöglich machen.

Auf dem Grundstück des Schlosses befindet sich eine heute restaurierte Kapelle, die wesentlich älter als das Schloss ist – sie

*****

Originalgetreu im Tudorstil restauriert und in Privatbesitz: Schloss Merkenstein, vor Jahren noch eine unheimliche Ruine, in der sich am Lagerfeuer allerlei merkwürdige Gestalten trafen.

dürfte aus dem 16. Jahrhundert stammen. Auch sie war völlig devastiert, sogar das Dach fehlte. In dieser Kapelle ist es in der Zeit, als das Schloss noch unbewohnt war, zu verschiedenen mysteriösen Vorfällen gekommen. In der Mitte der Kapelle war auf dem Boden eine Öffnung, durch die man in eine Gruftkammer blicken konnte. Eines Tages hatte jemand den Verschlussstein dieser Grabkammer entfernt und alle drei Särge, die sich in der Grabkammer befanden, waren geöffnet worden – das Werk von Grabräubern. Kurze Zeit später waren die Särge aus der Gruftkammer herausgehoben und die Skelette gestohlen worden. Die Täter, die offenbar über eine gute Ortskenntnis verfügten, blieben unerkannt; selbst ein Fresko wurde mitsamt dem darunterliegenden Putz aus der Wand geschnitten und abtransportiert. Die Gier der Menschen kennt keine Grenzen! Es wundert uns bis heute, dass in dieser unheimlichen, gruseligen Gegend, in der nächtens Menschen herumschleichen und sich aus unterschiedlichen Gründen im Wald herumtreiben, noch jemand wohnen möchte.

DER „OPFERPLATZ"

Der sogenannte „Opferplatz" befindet sich auf einem Felsen an der Rückseite der Burg Merkenstein. Man sieht im felsigen Boden bis heute eine schmale, etwa 15 cm breite Rinne, die durch künstliche Bearbeitung hergestellt wurde. Von hier hat man einen wunderbaren Ausblick auf die Umgebung der Burg; es ist ein Platz zum Innehalten und Meditieren. Bei feuchtem Wetter ist allerdings Vorsicht beim Aufstieg zum „Opferplatz" geboten, Steine und Wurzelwerk sind dann rutschig!

DIE BURGRUINE UND DIE MERKENSTEINHÖHLE

Die Burgruine ist heute verschlossen. Ein hölzernes Tor verwehrt den Zugang zum Inneren der Festungsanlage, die um 1100, also in der Zeit der Babenberger, erbaut worden sein soll. Die Burg besitzt im Inneren eine große und tiefe Zisterne. Der Verschlussdeckel liegt am Grund derselben. Eine aus Eisenrohren eines Baugerüstes hergestellte Abstiegshilfe steht hier bereit, um auf den Grund der Zisterne abzusteigen. Mehrmals sind wir hier bereits heruntergeklettert. Der Boden der Zisterne ist mit Steinen und Ziegelschutt bedeckt. Was mag sich unter dem Schutt noch alles verbergen?

Die spannendste Stelle der Burgruine ist jedoch die große Küche der Burg. Hier befindet sich neben der Feuerstelle ein Loch in der Felswand. Einst mit einer eisernen Absperrung versehen, geht es über diese Felsöffnung etwa 19 Meter hinunter in die Merkensteinhöhle. Ziemlich genau unterhalb dieser Öffnung am Grund der Höhle befindet sich eine markante Bodenstufe, die, wie uns Frau Klinger berichtet hat, von einem Parapsychologen namens Hofmann als „Keltischer Opferaltar" bezeichnet worden sein soll. Wir sind jedoch der Meinung, dass hier bei den in den Jahren 1921–1923 durchgeführten Grabungen von F. Mühlhofer eine

* * * * *

Hier war man früher daheim.

Bodenstufe stehen geblieben ist. Angeblich hauste bereits der Neandertaler in der Höhle, die offenbar bis ins Mittelalter hinein genutzt wurde. Und davor, in der Kälte der Eiszeit, bot sie dem Höhlenbären und dem Höhlenlöwen Schutz, dem Eisfuchs und dem Ren; die aufwändigen Grabungen in der „Merkensteiner Schicht" förderten sieben Millionen Tierknochen zutage.

Noch eine Anekdote sei erwähnt: Bei einer „Höhlenweihnachtsfeier" seilte sich ein Höhlenforscher als Weihnachtsmann verkleidet zu den in der Höhle wartenden Kollegen und ihren Kindern ab – das war damals für die Kinder ein sensationelles Erlebnis! Im Rauchabzug der Kochstelle versammeln sich im Sommer viele Fledermäuse. Sie fühlen sich hier sehr wohl. Und noch immer ziehen sich im Winter viele der Tiere in die Merkensteinhöhle zurück.

Die Merkensteinhöhle ist einst eine Schauhöhle gewesen, auch ein Teil eines Höhlenbärenskeletts war ausgestellt. Heute ist hier Ruhe eingekehrt. Die Höhle ist verschlossen und unterliegt einem besonderen Schutz. Die Fledermäuse und alle anderen Tiere des Waldes sollen hier ein ungestörtes Rückzugsgebiet finden.

Zurück zur Burg – lassen wir Frau Klinger noch einmal erzählen: Die Burg Merkenstein, so weiß sie, sei im Jahre 1141 erstmals urkundlich erwähnt worden. Ein Herr Hugo von Merkenstein habe damals als Zeuge eine Urkunde unterschrieben, in der die Übergabe von Thallern an das Stift Heiligenkreuz dokumentiert worden sei. Das Urkundenbuch von Stift Heiligenkreuz weiß allerdings von diesem Rechtsvorgang nichts, die angebliche Erwähnung steht daher auf wackligen Beinen. Für Frau Klinger war das kein Problem, siedelte sie doch den Ursprung der Burg großzügig bereits in der Keltenzeit an.

Manchmal sahen wir Frau Klinger mit einem alten Kinderwagen durch das Burggelände fahren. In diesem sammelte sie unermüdlich die vielen Steine, die so herumlagen, und schlichtete sie zu einzelnen Mauern und Steinhaufen auf. Irgendwann kam sie dann nicht mehr, die von ihr zusammengetragenen Ziegel und Steine sind jedoch im äußeren Hof der Burg noch immer zu sehen ...

Guido von List, der den Wienerwald wie eingangs erwähnt konsequent zum „deutschen Wald" und zur germanischen Fantasy-Landschaft uminterpretierte, fand auch für Burg Merkenstein eine originelle Erklärung: Eine abenteuerliche etymologische *Tour de force* führt ihn von „Merkenstein" zu „Merch, Merg", der „Jungfrau" – Merkenstein sei also eigentlich ein „Jungfrauenstein", ein „Maidenschloss". Auch hier, so List in seinem kühnen Gedankenspiel, habe man eine „Heilstatt der ariogermanischen Himmelskönigin und Göttermutter" vor sich. Deshalb habe die Burg den „sanften, milden Charakter eines Mädchenheims, aus dessen Bereich alles das verbannt war, was an Schrecken und Grauen mahnen konnte". Wer heute vor dem mächtigen Mauerwerk steht, wird diesen Eindruck des alten Germanenschwärmers nicht wirklich bestätigen können.

Als Indiz für seine „Mädchenheim"-Theorie erwähnt Guido von List neben dem Türkenbrunnen (siehe dazu weiter unten) einen achteckig ausgemauerten Brunnen in einem der Burghöfe, in dessen Schacht „in beträchtlicher Tiefe" ein Stollen einmünde, der „zweifelsohne zu einem ausgedehnten Erdstall gehört, der von einer Heilstatt, die dem Namen nach schon auf ein Bewohntsein von Jungfrauen deutet, unzertrennlich ist". Abgesehen von dieser kruden Theorie – die Erwähnung eines Stollens lässt aufhorchen: Sollten dieser Brunnen in

der Burg und der Brunnen auf dem Grundstück von Schloss Merkenstein durch einen unterirdischen Gang verbunden gewesen sein? Oder führte dieser Stollen tatsächlich zu einem unterirdischen Raum unter dem „Turnierplatz"? Woher wusste List von diesem Stollen?

DER RÜCKEN DER ECHSE

Wir verlassen das Gelände der Ruine und folgen dem Forstweg neben der Tiergartenmauer weiter bergwärts. Linker Hand erblickt man eine markante Steinformation, in der man mit ein bisschen Fantasie den Rücken einer versteinerten Urzeit-Echse erkennen kann, der da unvermittelt aus dem Waldboden wächst. Dieser steinerne Echsenpanzer steht im Ruf, ein Fruchtbarkeitskultplatz zu sein: Grund dafür ist eine „Scharte" im Felsen, die man bequem durchschreiten kann. Frauen, die sich ein Kind wünschen, sollen nach dem Passieren dieser Stelle gute Chancen haben, schwanger zu werden.

<

Steinerner „Fruchtbarkeitskultplatz": der Rücken der Echse.

DER VOM BLITZ GETROFFENE BAUM

Ein Stück weiter auf dem Forstweg stoßen wir rechter Hand auf eine wahrhaft beeindruckende Baumgestalt: eine riesige Tanne, deren Hauptstamm durch Blitzschlag abgesplittert ist und die daraufhin seitlich mächtige Äste entwickelt hat, die kerzengerade in die Höhe schießen. Ein wunderbares Beispiel für den „Überlebenswillen" von Bäumen! Diesem Tannenkoloss sagt man ganz besonders heilende Wirkung auf uns Menschen nach. Vom Blitz getroffen und sehr stark in Mitleidenschaft gezogen, hat er die Attacke des Himmels gut überstanden. Das Berühren seiner Rinde soll Kraft geben und positiv auf uns Menschen wirken.

<

Es offenbart sich ein gewaltiger „Lebenswille": der vom Blitz getroffene Tannenriese – das Berühren seiner Rinde soll neue Energie spenden!

DIE SUCHENDEN BÄUME

So sehen drei Bäume aus, die ihren Standort unbedingt verändern möchten. Mit aller Kraft bilden die drei hier verwurzelten Bäume enorm starke Äste aus, um ihre Holzmasse an einen anderen Platz des Waldes zu verlegen. Vermutlich ist hier eine enorme Erdstrahlung im Spiel. Wir Menschen können unseren Lebensraum selbst wählen und auch verändern. Diese drei Bäume versuchen dasselbe: Sie möchten von hier einfach weg!

<

Als möchten sie von hier einfach weg: die drei suchenden Bäume.

DER TÜRKENBRUNNEN VON MERKENSTEIN

Wer auf dem Weg hinauf zur Aussichtswarte von Merkenstein die drei „suchenden Bäume" auf der linken Seite passiert hat und sich etwas weiter bergaufwärts wieder links in den Wald wagt, wird plötzlich überrascht auf einen Bau stoßen, den man in dieser Wildnis nicht erwartet hätte: den sogenannten „Türkenbrunnen". Gleich vorweg: Der „Türkenbrunnen" ist kein Brunnen und auch kein Brunnenhaus. Der kreisrunde, von grünen Flechten überwucherte Bau mit den drei elliptischen Öffnungen in der Dachkuppel erinnert vielmehr an ein Nymphäum, es ist eine Art von Empfangs- und Verweilraum für jenen, der sich durch den langen unterirdischen Gang, der von hier wegführt, der eigentlichen Quellkammer nähern möchte. Der Zugang zu diesem Gang, der gut erhalten ist und in seiner Charakteristik an die schmalen Gänge in den ägyptischen Pyramiden erinnert, ist jedoch versperrt – bitte öffnen Sie die Absperrung nicht mit Gewalt, es gibt hier keine Schätze zu finden!

Während der Belagerung von Burg Merkenstein durch die Türken soll hier, in unmittelbarer Nähe der kostbaren Quelle, das Zelt des türkischen Kommandeurs gestanden sein – daher stamme der Name „Türkenbrunnen" für den zu Beginn des 19. Jahrhunderts von den Dietrichsteins errichteten Bau. Auch er ist ein Resultat des damals ungemein populären Bestrebens, die Waldlandschaft durch romantische Bauwerke weiter zu überhöhen. Die Namensgebung hing wohl mit diesem starken Wunsch nach Romantik zusammen.

Unser germanophiler „mythologischer Landschaftsmaler" Guido von List, der den Wienerwald endgültig zu Wuotans Land und damit zu einem „deutschen Wald" machen wollte, hatte mit dem Agnesbründl den starken Kraftort seiner Fantasy-Landschaft gefunden, im südlichen Wienerwald wollte er aber noch einen Kontrapunkt hinzusetzen: Die Gegend um Burg Merkenstein, das „Maidenschloss", kam ihm da zupass. Auch hier, so List in seinem kühnen Gedankenspiel, habe man eine „Heilstatt der ariogermanischen Himmelskönigin und Göttermutter" vor sich. Indiz dafür sei etwa der „Türkenbrunnen", dessen Zweitbezeichnung „Siebenbrunnen" eigentlich als „Sonnenbrunnen" zu lesen sei und damit auf eine heilige Quelle verweise. Damit sind die „Mergen" (= Jungfrauen) und Nornen nicht mehr weit, List vermutet, dass beim Türkenbrunnen „Schicksalsverkündigungen, Heilungen und Beschwörungen" ausgeübt worden seien. Und der Eiskeller des neuen Schlosses sei eigentlich die „große Halle" einer unterirdischen Tempelstätte gewesen, wovon sich Gänge verzweigt und auch unter die alte Burg Merkenstein geführt hätten.

Unser Fazit: Der Türkenbrunnen von Merkenstein ist ein unglaublich spiritueller und faszinierender Ort!

* * * * *

Gut erhaltenes Mauerwerk schützt den Weg zur „heiligen Quelle“ Guido von Lists.

INFO

Für den Ausflug in den Wald von Merkenstein parken wir bei der Jausenstation Haidlhof in Bad Vöslau, von hier ist der Weg zur bereits sichtbaren Ruine nicht zu verfehlen. Die Gesamtgehzeit für eine gemütliche Rundtour bis zum Türkenbrunnen und zur Aussichtswarte: etwa 3 Stunden.

AUSSEN STEIN, INNEN HOLZ: DIE AUSSICHTSWARTE

Wir kehren vom Türkenbrunnen auf den Forstweg zurück und wandern noch etwa 200 Meter weiter – der Wald öffnet sich jetzt zu einer großen Lichtung, auf der die Aussichtswarte von Merkenstein steht. Sie geht noch zurück auf die Zeit des Grafen Dietrichstein, dessen Gattin Elisabeth, geborene Gräfin Waldstein-Wartenberg, auf diesem Gelände einen ersten Aussichtsturm anlegen ließ. Wer die Türe zum Turm öffnet, staunt nicht schlecht: Der Turmaufgang ist außen aus Stein und innen aus Holz. Eine hölzerne Treppe führt nach oben in die Aussichtskammer. Die Fensteröffnungen sind mit Holzläden verschlossen, die sich nach außen öffnen lassen – es bietet sich ein wundervoller Ausblick auf die Wienerwaldwelt!

Auf dieser Waldlichtung befindet sich auch der „sprechende Baum", eine mächtige alte Eiche, um die einst schon Gäste aus Bolivien gesessen sind. Berühren sie diesen Baum! Er soll nicht nur alles wissen, sondern einen beruhigende Wirkung auf die Menschen ausüben, die unter seiner Baumkrone Platz nehmen.

Außen Stein, innen Holz: der Aufgang zur Turmstube der Aussichtswarte. >

Die Sieben Eichen von Kaltenleutgeben

„Aber ihr, ihr Herrlichen! steht, wie ein Volk von Titanen" (Friedrich Hölderlin): Halte hier kurz inne und gönn dir eine Ruhepause: die Eichen bilden einen idealen Platz zur Meditation.

„Eine Welt ist jeder von euch, wie die Sterne des Himmels/Lebt ihr, jeder ein Gott, in freiem Bunde zusammen", schrieb Friedrich Hölderlin 1796 in seinem berühmten Hexametergedicht *Die Eichbäume,* in dem diese, „ein Volk von Titanen", zum Symbol werden für die Befreiung aus der Knechtschaft, für ein Dasein in Freiheit und Unabhängigkeit. Ganz im Stil der Zeit beschwört Hölderlin die Eichen als mythische Wesen, die nichts mit der „zahmeren Welt" des Menschen gemein haben, die nur sich selbst und „dem Himmel" gehören. Es ist die große Freiheit dieser Bäume, von der auch Hölderlin träumt, wenn er sein Werk mit dem Vers schließt: „Fesselte nur nicht mehr ans gesellige Leben das Herz mich,/Das von Liebe nicht läßt, wie gern würd' ich unter euch wohnen!"

Es ist jenes Bild Hölderlins von „freiem Bunde" der Eichbäume, das sich aufdrängt, als wir vor dem kleinen Eichenhain am Sachsenweg zwischen Kaltenleutgeben und Breitenfurt stehen: Sieben mittlerweile recht große Eichenbäume wachsen hier, sehr nahe nebeneinanderstehend, gegen den Himmel. Wir erinnern uns bei ihrem Anblick an die uralten Mythen, die mit der Eiche verbunden sind – wie kaum ein anderer Baum ist sie umgeben von der Aura des Göttlichen: Als Sinnbild von Kraft und Männlichkeit ist die Eiche bei den Germanen dem Donnergott Thor zugeordnet, bei den alten Griechen ist sie der Baum von Göttervater Zeus. In einem „Eichenorakel", das sich in der Stadt Dodona in Epirus befand, lauschten drei weißgekleidete Frauen dem Rauschen und Rascheln der Blätter im Eichenhain, um daraus die Stimme und den Willen des Göttervaters zu hören. Bewohnt waren die Eichen, so der griechische Mythos, von Baumnymphen, den „Dryaden", verführerisch schönen weiblichen Wesen. Wer einer Eiche eine Verletzung zufügte, musste daher die Dryade des betreffenden Baums anrufen, um nicht den Zorn der Götter auf sich herabzubeschwören. „Dryade" leitet sich im Übrigen vom griechischen Wort *drys* für „Baum, Eiche" ab, das wiederum auf die indoeuropäische Wurzel **derewo* für „Baum, Holz" zurückgeht – die Eiche verkörperte also „den Baum" schlechthin, ihr Holz galt als „ewig" haltbar.

Ana, die indogermanische Urmutter, nährte Menschen und Tiere mit Eicheln, ja, ein Schöpfungsmythos erzählt, dass der erste Mensch aus einer Eiche geboren worden sei. Der Bedeutung der Eiche entsprechend verehrte man heilige Eichenhaine, die nur von Befugten der Gemeinschaft betreten werden durften. Jede Beschädigung dieser heiligen Haine – das Fällen von Bäumen, das Abknicken von Zweigen und auch das Töten von Tieren, die im Hain lebten – war streng verboten, wer diese Gebote missachtete, riskierte, mit dem Tode bestraft zu werden. Kehrten die Männer von einem siegreichen Krieszug zurück, so brachten sie ihre erbeuteten Trophäen in den Eichenhain und hängten sie hier an den Bäumen auf. Als besondere Auszeichnung wurden siegreiche Kämpfer mit Eichenlaub bekränzt – eine letzte Reminiszenz an dieses Ritual findet sich im Nazi-Ordenskult: Das „Eichenlaub" oder auch das „Goldene Eichenlaub" als Ergänzung zum

„Ritterkreuz" galt als besondere Auszeichnung für Hitlers Kriegshelden. Das Eichenlaub wurde nicht zufällig als Dekoration für Flieger-Asse, Panzerkommandanten und U-Boot-Fahrer ausgewählt: Schon im 18. Jahrhundert hatten deutsche Autoren begonnen, die „deutsche Eiche" für sich zu reklamieren. Der heute beinahe vergessene Joseph Victor von Scheffel konnte feststellen, dass die Eiche der „Deutschen urheiligster Baum" sei.

In der keltischen Mythologie war die Eiche der Baum des Himmelsherrschers Taranis, auch die Kelten sprachen ihr besondere Fähigkeiten zu. Wer einen heiligen Eichenhain durch das Fällen von Bäumen schändete, war dem Tode verfallen und Plinius der Ältere überliefert uns, dass die Kelten für ihre kultischen Rituale immer Eichenlaub verwendeten, auch das Wort „Druide" solle sich, so Plinius, von dem bereits erwähnten *drys*, dem altgriechischen Wort für „Eiche", ableiten.

Die Sieben Eichen von Kaltenleutgeben sind seit 2001 als Naturdenkmal geschützt; der Weg zu ihnen kann nicht verfehlt werden. Eine Sitzbank lädt zur Rast, ein Bildstock mit rotem Dach, auf dessen Spitze sich ein Kreuz befindet, weckt unser Interesse. Das Marterl wurde 1999 vom Fremdenverkehrsverein Kaltenleutgeben errichtet, die drei Bildnischen sind dem heiligen Hubertus, der heiligen Hildegard von Bingen und dem heiligen Franziskus von Assisi gewidmet, der um seine Fähigkeit, mit Tieren sprechen zu können, wohl von vielen Menschen beneidet wird. Den heiligen Hubertus von Lüttich, den Schutzheiligen der Jägerschaft, kennt man, warum aber widmet man eine Bildnische im Wienerwald der heiligen Hildegard von

Bingen? – Nun, die große Mystikerin vom Rhein schrieb auch ein Werk mit dem Titel *Liber simplicis medicinae* oder *Physica,* kurz als „Naturkunde" bekannt, darin widmete sie ein Kapitel auch den Bäumen *(De arboribus).* Über die Eiche *(Quercus)* notierte sie: „Die Eiche ist hart und bitter, es ist nichts Weiches an ihr" – eine Feststellung, die in der modernen Medizin wieder aktuell geworden ist: Die Eiche ist nicht nur ein Symbol der Männlichkeit, sondern soll tatsächlich Lendenkraft verleihen. In der Gemmotherapie setzt man Eichenknospen in Form von Glycerinmazeraten gegen sexuelle Schwächezustände ein. Dadurch soll die Produktion des Sexualhormons Testosteron angeregt, so nebenbei aber auch neue Lebenslust und Vitalität vermittelt werden. Wir nehmen uns vor, für den Fall des Falles diese Option im Auge zu behalten.

Aber nun zurück zu den Sieben Eichen von Kaltenleutgeben: Die von Zahlenmystikern als „heilig" verehrte Sieben verweist darauf, dass dieses kleine Waldstück etwas Besonderes ist, ein Ort, der uns die Kraft des Wienerwaldes unmittelbar erleben lässt. Wagen Sie dazu ein kleines Experiment: Stellen Sie sich zwischen die Eichen und schließen Sie die Augen. Sie können sich auch ruhig an eine der Eichen anlehnen und ihre Rinde mit den Händen berühren; blicken Sie dann empor zu den Baumkronen: Der von den Stämmen umrahmte Blick gegen den Himmel vermittelt das Gefühl von Geborgenheit und Eins-Sein mit der Natur, ein Gefühl, nach dem sich jeder Mensch schon im Kindesalter sehnt!

INFO

Vom Parkplatz im Ortszentrum von Kaltenleutgeben geht man am Rathaus vorbei zur Karlsgasse, die in einen Forstweg mündet. Wir folgen diesem Forstweg und gelangen zur Helenenquelle und dann zu den „Sieben Eichen" und dem Marterl.

Die Tausendjährige Eiche am Haaberg

(*)

Schon die Wanderung hinauf zu diesem großen und wundervollen Baum am 409 m hohen Haaberg in der Katastralgemeinde Rappoltenkirchen ist ein Erlebnis für sich. Wer die Einsamkeit sucht, dem sei ein Besuch unter der Woche angeraten. Bei unserer Tour, die an der Einmündung einer Forststraße in die Straße von Rekawinkel nach Kronstein begann, begegnete uns so gut wie niemand.

Der Wald zeichnet sich im unteren Bereich durch eine gute Durchsicht aus. Die vielen noch sehr schlanken Stämme haben ihren eigenen Reiz. Je höher wir aber den Berg hinaufsteigen, desto größer und mächtiger werden die Bäume. Nach einer kurzen, etwa halbstündigen Wanderung durch den Wald erkennt man von Weitem die helle Stelle einer Lichtung. Die breite Forststraße ist hier mit großen Steinen gepflastert. Auf dieser gelangt man zu einer Waldlichtung – das Grundstück befindet sich in Privatbesitz, das Betreten des Areals ist jedoch gestattet. Sofort richtet sich der Blick auf einen von Sträuchern umwucherten Baum von mächtiger Erscheinung. Wir stehen vor der Tausendjährigen Eiche! Mit einem grünen Schild als Naturdenkmal gekennzeichnet, staunen wir beim Anblick dieses Baumes nicht schlecht. An seinem unteren Stammende bilden sich Schwämme, die sich hier anscheinend hervorragend entwickeln können. Wahrhaftig ein unglaublich schöner Baum, der zum Innehalten und Nachdenken einlädt.

Möglicherweise handelt es sich bei ihm um den ältesten Laubbaum des Wienerwaldes überhaupt. Der Durchmesser des Stammes beträgt imposante 194 Zentimeter; mehrere Blitzschläge haben dem bereits wipfellosen Baum stark zugesetzt. Mit Bescheid der Bezirkshauptmannschaft Tulln vom 10. Jänner 1980 wurde die Eiche zum Naturdenkmal erklärt.

Es muss, so überlegen wir, einen Grund geben, warum sich dieser Baum hier so lange halten und zu so einem mächtigen Lebewesen heranwachsen konnte. Eine besondere „Kraftstelle“ im Boden? Ein besonders starker Wirkungsbereich der Natur? Auf dieser heute menschenleeren Lichtung waren einst mit Sicherheit viel mehr Wanderer und Ausflügler anzutreffen. Eine desolate Außenbeleuchtung aus defekten Laternen lässt uns vermuten, dass auch das Forsthaus schon bessere Zeiten gesehen hat. Heute ist dieser Ort eher ein *Lost Place* des Wienerwaldes. Ein Ort, den man fast vergessen hat. Gut versteckt, finden sich hier sogar ein schöner Badeteich und ein umzäunter, jedoch völlig heruntergekommener Tennisplatz. Trotz dieser leichten Morbidität ist die Lichtung, die unter der Obhut der Tausendjährigen Eiche steht, ein wundervoller Platz, um zu entspannen und seine Kräfte neu zu sammeln.

DIE TAUSENDJÄHRIGE EICHE AM HAABERG

INFO

Man fährt von Rekawinkel aus kommend in Richtung Norden nach Kronstein. Auf ca. halber Strecke sieht man eine Forststraße, die rechts in den Wald hineinführt. Von hier aus erreicht man die Eiche, die ca. 1,2 Kilometer entfernt ist, mit einem Fußmarsch von ca. 30 Minuten.

„Mit mildem Licht von Wolken in den Kronen/ Die finstern Wurzeln tief in sich verschlungen So steht ihr da …" (Bertolt Brecht): die Tausendjährige Eiche.

Der Baum der Teilung in Nöstach

(*)

Die hügelige Landschaft um den Pankraziberg bei Nöstach (siehe auch weiter unten) mit ihren weiten und offenen Flächen ist ein Teil des Wienerwaldes, an dem man sich nicht sattsehen kann. Nicht nur das malerische Landschaftsbild verlockt zum oftmaligen Besuch dieser Gegend, denn auch für das leibliche Wohl wird hier tatkräftig gesorgt: Wer bodenständige Küche zu schätzen weiß, ist beim Mostheurigen Karner in Nöstach 28 und im Gasthaus „Zu den Kernbuam" in Groisbach 2 bestens aufgehoben.

Geomanten und Radiästheten bestens bekannt und durch einige Hinweisschilder unschwer zu finden ist der fast nicht mehr zu erkennende Steinkreis von Nöstach. Im Wesentlichen ist dies auch nicht schlimm, da sich etwas weiter den Hang hinauf ein unglaublicher Kraftort befindet. Eine Stelle, die durch einen mächtigen Nadelbaum gut sichtbar und leicht zu finden ist.

Diese Tanne, die aus einem einzelnen Stamm weitere nach oben strebende Stämme gebildet hat, ist zu einer mächtigen Erscheinung herangewachsen. Ganz alleine und ohne den Schutz von Nachbarbäumen hat sich der immergrüne Baumriese hier prächtig entwickelt und verblüfft den Betrachter durch seine majestätische Erscheinung. Dieser Ort scheint tatsächlich besondere Kräfte zu verleihen. Lassen Sie sich darauf ein und halten Sie auf Ihrer Wanderung einige Augenblicke inne – in der Nähe dieses Baumes können Sie wieder „auftanken!

<

Immergrüner Baum der Teilung: die Tanne bei Nöstach.

Zwei Eichen im Lainzer Tiergarten

Die majestätische Krone verspricht Geborgenheit und Schutz: die mächtige Eiche unmittelbar neben der Mauer des Lainzer Tiergartens.

Das gesamte Areal des Lainzer Tiergartens, der Teil des Biosphärenparks Wienerwald ist, ist eine wunderbare Zone der Erholung und Entspannung. Wir möchten jedoch auf zwei ganz bestimmte Plätze in diesem Naturschutzgebiet hinweisen, die mit einem deutlich höheren Energiepotential aufwarten können. Es sind zwei Stellen, an denen wir auch ein besonders entspanntes Verhalten der von uns beobachteten Tiere erkennen konnten.

Das Gütenbachtor im Süden ist zwar mit öffentlichen Verkehrsmitteln nicht zu erreichen, es führt uns jedoch auf dem schnellsten Weg zu unseren Zielen. Gleich nach dem Durchschreiten dieses Tores wählen wir den Pfad links, der in nordwestlicher Richtung verläuft. Nach ca. 150 Metern sehen wir rechter Hand eine Waldlichtung, auf der eine Futterkrippe steht, daneben breitet eine imposante Eiche ihr schützendes Blätterdach aus.

Auch die zweite Eiche erreichen wir vom Gütenbachtor, nun wählen wir jedoch den Weg nach rechts. Der Baum steht unmittelbar neben der Mauer des Tierparks und ist schon von Weitem zu sehen. Seine weite, majestätische Krone beeindruckt jeden, der an ihm vorbeikommt. Unter dieser Eiche fühlen Sie Geborgenheit und Schutz.

Der Lainzer Tiergarten war bekanntlich lange Zeit dem Kaiser und seinem Hofstaat als exklusives Jagdgebiet vorbehalten, noch der jugendliche Franz Joseph konnte hier nach Herzenslust Wildtiere abknallen, die man ihm vor die Büchse trieb. Seine Geschichte beginnt mit Kaiser Ferdinand I., der 1561 das Gebiet um Auhof als Jagdrevier erwirbt und es einzäunen lässt. Diese ersten eingezäunten Jagdgefilde waren noch wesentlich kleiner als der heutige Tiergarten, der 2.450 Hektar groß ist, wurden aber für ihre enorme Wilddichte bekannt. Eine Darstellung aus der Zeit Kaiser Karls VI. bezeichnet den Tiergarten als „vornehmsten Wildpark Europas". Unter Maria Theresia tauchte dann erstmals der Plan auf, das nunmehr bedeutend vergrößerte Areal, das damals noch den treffenden Namen „Saugarten" trug, mit einer Einfriedung zu versehen, ein Vorhaben, das von ihrem Sohn Joseph II. in die Tat umgesetzt wurde: Den Auftrag zum Bau der 24,2 km langen Mauer erhielt der Allander Waldamtsbaumeister Philipp Schlucker, der diese von 1782 bis 1787 auch plangemäß errichtete. Als die Mauer endlich stand, hatte der Baumeister ein Problem: Die tatsächlichen Baukosten hatten seinen Kostenvoranschlag deutlich überschritten, der „arme Schlucker" musste sich aber mit dem vereinbarten Honorar zufrieden geben.

Im östlichen Teil des Tiergartens ließ Franz Joseph I. von 1882 bis 1886 nach Plänen von Karl von Hasenauer die Hermesvilla errichten, gedacht als Refugium für seine geliebte Sisi. Die Kaiserin verbrachte auch tatsächlich immer wieder einige Zeit in dem kostbar ausgestatteten „Schloss der Träume", ihre Reiselust blieb jedoch ungebrochen – daran änderte auch eine Badekabine nichts, die am Ufer des der Villa nächstgelegenen Teiches eingerichtet wurde.

1919 wurde der Lainzer Tiergarten, der 1918 als Teil des Hofärars in den Besitz

* * * * *

der Republik übergegangen war, für die Öffentlichkeit zugänglich gemacht, für die Dauer der Brunft blieb er damals aber noch geschlossen; nach Diskussionen führte man 1925 Schonzeiten für Wildtiere ein.

Eine düstere Geschichte darf nicht fehlen: Im Jahre 1928 wird der Lainzer Tiergarten zum Schauplatz eines der spektakulärsten Mordfälle der Ersten Republik: Man schreibt den 17. Juli. Ein im Park beschäftigter Gärtner glaubt plötzlich im sogenannten „Saulackenmais" einige Schüsse zu hören, etwa zeitgleich bemerken zwei Spaziergänger ein Feuer, als sie dieses löschen wollen, entdecken sie mit Entsetzen die Leiche einer Frau. In einiger Entfernung sehen sie einen dunkelhaarigen Mann, der aber rasch verschwindet.

Die Identität der Toten kann über ein Jahr lang nicht geklärt werden. Erst im Sommer 1929 wissen die Ermittler: Bei der verkohlten Leiche, die auch Schussverletzungen aufweist, handelt es sich um die wohlhabende „Lebedame" Katharina Fellner. Gelöst werden konnte das Problem durch eine *Moulage* (Abformungen oder Nachbildungen von Körperteilen). Ein Zahnarzt hatte die Nachbildung der Zahnbrücke im Wiener Kriminalmuseum entdeckt und diese Katharina Fellner zuordnen können.

Es wurden mehrere Verhaftungen vorgenommen, die aber wegen Mangel an Beweisen wieder aufgehoben werden mussten. Erst nach einem weiteren Jahr stieß die Polizei durch Zufall auf den 39-jährigen Kaufmann Gustav Bauer, der Katharina Fellner dabei helfen sollte, ihre Wertsachen zu Geld zu machen. Aufgrund zahlreicher Indizien wurde er schließlich angeklagt, Katharina Fellner erschossen, beraubt und ihre Leiche angezündet zu haben. Letztendlich musste Gustav Bauer aber aus Mangel an Beweisen freigesprochen werden.

Der Lainzer Tiergarten ist seit 1941 Naturschutzgebiet.

Die Türkenhasel von Alland

Ein ungewöhnlicher Baum mit einer unglaublichen Geschichte: die Türkenhasel.

Wenn von den faszinierenden Bäumen des Wienerwaldes die Rede ist, darf ein Baum nicht fehlen, der wie kein anderer mit der wechselvollen Geschichte des Waldlandes verbunden ist: die Türkenhasel von Alland, die vielfach nur mehr den Einheimischen bekannt ist.

Die Sage erzählt, dass eine türkische Streifschar den Ort plünderte und brandschatzte und danach sich am Waldrand zu einem kleinen „Siegesmahl" niederließ. Die Bewohner Allands hatten sich in panischer Angst vor den „Rennern und Brennern" in den Wald geflüchtet, fassten aber angesichts ihrer in Flammen stehenden Häuser den Entschluss sich zu rächen und fielen mit Dreschflegeln, Hacken, Sensen und Gabeln über die feiernden Türken her. Es gelang ihnen, die zahlenmäßig unterlegenen Feinde in die Flucht zu schlagen und ihnen die gesamte Beute wieder abzunehmen, auch die Essensvorräte der Türken fielen in die Hände der Allander. Darunter befanden sich auch Haselnüsse, einige davon, so die Überlieferung, seien in den Boden getreten worden, aus einer dieser Nüsse sei dann der imposante Haselbaum gewachsen.

Früher einmal, in jener Zeit, als es das lärmerfüllte Betonband der A21 bei Alland noch nicht gegeben hat, war die Hasel ein beliebtes Ziel für Spaziergänger. Der Ort Alland bestand aus wenigen Häusern und die kleine Dorfgemeinde war eine stille Insel im Wald- und Wiesenparadies.

Heute steht dieser wundervolle Haselbaum *(Corylus colurna),* der zur Familie der Birkengewächse zählt, mit seinem geraden Stamm und seiner ausladenden und vor allem hohen Krone wenige Meter neben der Autobahn, dem „Nicht-Ort" schlechthin. Angeblich hat man aber beim Trassieren der Strecke auf den Baum Rücksicht genommen. Getrennt durch die Lärmschutzmauer rasen zwar Hunderte Menschen jede Stunde an ihm vorbei, doch niemand sieht ihn mehr. Der besondere Baum, dessen Erscheinung und Geschichte alle Kinder des Ortes fasziniert, ist gleichsam unsichtbar geworden.

Noch ein Hinweis für alle, die sich für Gedenkstätten aus der Türkenzeit besonders interessieren: Auf der Kranleiten, an der Grenze zwischen Alland und Nöstach, steht im Gebüsch versteckt ein Kreuz, das als „Türkenkreuz" bekannt ist.

INFO

Wir parken beim Hauptplatz in Alland oder vor dem ADEG und gehen dann auf dem Weißenweg zur Türkenhasel. Die Gehzeit: etwa 20 bis 30 Minuten.

Eintauchen in VERGANGENE ZEITEN

- DER KAISERSITZ BEI BAD VÖSLAU
- DER HÄNGENDE STEIN BEI UNTERKIRCHBACH
- DER KARLSTISCH IN BADEN
- DIE EINÖDHÖHLEN IN PFAFFSTÄTTEN
- DER KERKER VON GUMPOLDSKIRCHEN
- DER ALTE EISKELLER IM COBENZL
- DER UNTERIRDISCHE GANG IM KAHLENBERG

WALDSPAZIERGANG

Eintauchen in verborgene Orte aus vergangener Zeit

Zur Höhle des Kyklopen

Versteckte Wanderziele in der Hinterbrühl

Die Höldrichsmühle, gelegen im Tal des Mödlingbachs an der uralten Verbindungsstraße von Mödling nach Heiligenkreuz, ist einer jener Orte im Wienerwald, in denen sich die Geschichte der Region in besonderer Dichte und Buntheit kristallisiert. Schon im Mittelalter wurde hier eine Mühle betrieben, wobei es die Müller nicht leicht hatten. Am Hexensitz oberhalb der Höldrichsmühle, so erzählt eine Sage, hätten einst Hexen gehaust. Jedes Jahr in der Walpurgisnacht hätten die boshaften Unholdinnen den Müller gezwungen, die Nacht durchzumahlen. 1786 erhielt die Mühle die Genehmigung, eine Ausschank zu betreiben, und so wurde sie rasch zu einem beliebten Ausflugsziel der Wienerinnen und Wiener. Bis heute wird die Erinnerung an einen berühmten Gast hoch gehalten: In den Jahren 1820 bis 1826 weilte Franz Schubert, begleitet von seinen Freunden, immer wieder in der Höldrichsmühle. Eine liebgewordene Überlieferung berichtet, dass Schubert hier im Schatten eines Lindebaums sein unsterbliches Lied „Der Linden-

<
Ein verlassener Steinbruch verwandelt sich zurück in Natur: Blick aus dem Portal der Hinterbrühlerhöhle.

baum – am Brunnen vor dem Tore“ aus dem Zyklus „Winterreise“ komponiert hat.

Unbestreitbar ist jedenfalls, dass Schubert und seine Freunde auf Wanderungen in der Umgebung die Schönheiten der Wienerwaldlandschaft genossen. Die Höldrichsmühle, heute ein respektabler Restaurant- und Hotelbetrieb, ist nach wie vor ein idealer Ausgangspunkt für alle Wanderfreunde geblieben, die das Land um den Anninger, die alte Heimat des sagenhaften Riesen Bockerlfraß, erkunden wollen. Eine Fülle von Touren bietet sich an, so u. a. der Hinterbrühler Rundwanderweg, der uns die Welt der ehemaligen Sommerfrische Hinterbrühl vor Augen führt. Wir aber wollen anhand von zwei Geheimtipps zeigen, dass sich abseits der ausgeschilderten Wege so manches spannende Ziel verbirgt.

Wir starten unseren kleinen Ausflug zu Ziel eins bei der **Höldrichsmühle,** gehen ein kurzes Stück die Gaadner Straße Richtung Mödling und biegen dann rechts in die Rudolf-Schwarz-Promenade ein, die hier ein Teil der altehrwürdigen **Via sacra** ist. Wir kommen nach wenigen Metern zu einer scharfen Rechtskurve, der wir bergauf folgen. Nach etwa 20 Metern konzentrieren wir uns am linken Böschungsrand der Forststraße auf einen schwach sichtbaren Weg – das ist der „Einstieg“ zum Ziel, das im Gewirr der Bäume bereits allmählich zu erahnen ist. Wir klettern die Böschung hinauf und folgen dem schmalen Weg. Nach wenigen Minuten öffnet sich vor uns der Blick auf ein mächtiges, 20 Meter breites Höhlenportal. Es handelt sich hierbei um die **Hinterbrühlerhöhle.** Knietief im Buchenlaub watend, nähern wir uns dieser eindrucksvollen Felsenszenerie und erkennen: Was sich heute als Höhle präsentiert, war einst ein Kalksteinbruch. Noch sind einige mit Moos überzogene Betonpodeste für Maschinen und Motoren erkennbar, bald werden sie von der Natur für immer überdeckt worden sein. Wir wagen uns ins Innere vor, so müssen sich Odysseus und seine Gefährten gefühlt haben, als sie die Höhle des Kyklopen Polyphem erforschten.

Nach einer erholsamen Rast in der Höldrichsmühle brechen wir zu Ziel zwei auf. Wir gehen rechts die Gaadner Straße in Richtung Heiligenkreuz bis zur Abzweigung der Straße nach Weissenbach und biegen in diese ein. Nach etwa 130 Metern passieren wir rechter Hand ein letztes Wohngebäude und erreichen die Kante des Waldes. Unmittelbar danach öffnet sich rechts in der grünen Wand des Waldes ein schmaler Steig, der in Serpentinen bergauf führt. Eine Tafel **„Schweigen im Walde“,** die jemand neben einem Kruzifix an einer mächtigen Eiche befestigt hat, begrüßt uns gleich zum Auftakt. Etwa zehn bis fünfzehn Minuten geht es weiter bergauf, dann stehen wir plötzlich auf einem kleinen Plateau und erblicken vor uns eine Grotte, unübersehbar dabei über dem Eingang die Statue der Muttergottes – die Marien-Grotte, die hier von Franz Jantsch (1909–2006), dem langjährigen Pfarrer in der Hinterbrühl, errichtet worden ist. Ein Glöcklein neben dem Eingang, das die Pilger zum Gebet ruft, zwei einfache Holzbänke, einige weitere Marienfiguren und Bilder sind die ganze Einrichtung der kleinen Grotte.

Franz Jantsch, der durch seine Bücher über die „Kultplätze im Land um Wien“ bekannt geworden ist, hat sich hier, versteckt im Wald über der Straße nach Weissenbach, seinen persönlichen heiligen Platz geschaffen.

3

VERBORGENE ORTE *aus vergangener Zeit*

○○○○○

Der Stein war den Menschen in alter Zeit eine Erscheinung des Heiligen. Er zeigte ihnen, so schreibt Mircea Eliade in seinem Essay *Das Heilige und das Profane,* Macht, Härte und Dauer. Er faszinierte „durch das Unabänderliche und Absolute seines Wesens" und offenbarte ihnen „durch Analogie die Unabänderlichkeit und Absolutheit des Seins", durch seine spezifische „Seinsweise" als Stein hätte er den Menschen von einer „absoluten Existenz" gekündet, losgelöst von Werden und Vergehen. Steine markierten heilige Bezirke, sie wurden zu Altären und Kultmalen und zum Mittelpunkt von Versammlungsorten, sie waren Grenz- und Gerichtssteine, Kalender- und Visiersteine. Steine waren die heiligen Fixpunkte der Welt, in der man sich bewegte.

Den Steinen, die mit dem Pulsschlag der Erde verbunden waren, wurde magische Kraft zugesprochen. Wer mit ihnen in Verbindung trat, begegnete Mutter Erde, der Quelle des Lebens. Vielfach versuchte man durch direkten Kontakt ihrer Energie teilhaftig zu werden. So zwängte man sich durch enge „Durchschlupfsteine", um seine Krankheiten abzustreifen, und junge Frauen rutschten über Felsen, um ihren Kinderwunsch endlich erfüllt zu sehen. Der Stein war der Ort, an dem man seine drängenden Sorgen dem Göttlichen vorbrachte – man verrichtete hier sein Gebet und brachte ein Opfer dar, um die göttliche Allmacht günstig zu stimmen.

Doch dann kam das Christentum und konnte sich mit dieser kultischen Verehrung der leblosen Ungetüme nicht mehr abfinden, sie wurden nun zum „Teufelswerk" erklärt. Das Konzil von Nantes 658 dekretierte folgerichtig ein rigoroses Vorgehen: „Steine, welche an baufälligen und waldigen Stellen infolge Täuschung durch teuflische Vorspiegelung verehrt werden, wo man ihnen Gaben gelobt und darbringt, sind ganz auszugraben und in eine tiefe Grube zu werfen, wo sie von ihren Anbetern nicht mehr gefunden werden können." Die Anordnung der Konzilsväter wurde ernst genommen, es begann der große Kreuzzug gegen die „heidnischen" Steine. Steinkreise wurden zerstört, Steinsäulen umgeworfen, man versuchte die Erinnerung an sie zu tilgen – an die Stelle eines archaischen Steinheiligtums trat vielfach ein heiliges Haus, die Kirche. Nicht selten mauerte man die alten Steine oder auch Teile von ihnen in die Kirchenwände ein.

Der Kaisersitz bei Bad Vöslau

Den Steinen wurde magische Kraft zugesprochen: Faszinierende Steinformation unterhalb des Kaisersitzes bei Bad Vöslau.

Es sind herrliche Spaziergänge, die der Vöslauer Harzberg seinen Besuchern zu bieten hat. Mountainbiker lieben ihn genauso wie die zahlreichen Wanderer und Kenner des Wienerwaldes. Wer mit dem Automobil anreist, stellt das Fahrzeug auf dem Parkplatz des ehemaligen Gasthauses „Zur Waldandacht" ab. Dieses im Wald gelegene Anwesen steht ganz in der Nähe des Lausturmes. Dieses markante Bauwerk auf der Anhöhe des sogenannten Kaisersteines wurde 1892 vom Vöslauer Weingutsbesitzer Robert Schlumberger errichtet und ist das Wahrzeichen von Sooß, sein Name erinnert an die schwere Zeit der Reblauskatastrophe.

Steigt man den markierten Wanderweg hinter der „Waldandacht" den Hang hinauf, gelangt man schon bald zum ersten Hinweispfeil, nach weiteren 10 bis 15 Minuten erreicht man einen wahrhaft rätselhaften Ort: den so genannten „Kaisersitz" oder auch „Kaiserstein", wie er auf den Hinweistafeln genannt wird. Es eine schalenförmige Eintiefung im verwitterten Felsen, die tatsächlich wie ein Sitz aussieht, ja, man hat den Eindruck, dass dieser „Sitz" von Menschenhand mit Meißel und Hammer in das Gestein gearbeitet worden ist.

Die seltsame Sitzgelegenheit ist der Bevölkerung der Umgebung gut bekannt, auf die Frage, welcher Kaiser denn hier einst gesessen haben soll, weiß sie allerdings keine Antwort, wobei auch fraglich ist, ob sich jemals ein Kaiser dazu herabgelassen hätte, auf diesem Stein, nur knapp über dem Waldboden, Platz zu nehmen. Möglicherweise muss der „Kaisersitz" aber in der Zusammenschau mit seiner unmittelbaren Umgebung interpretiert werden: vor allem mit einer Steintreppe, die unter einem Nadelteppich verborgen hinauf zum „Kaisersitz" führt. Das Mysteriöse an dieser in den Felsen gehauenen Treppe: Sie ist, wie Karl Lukan in seinen Wanderungen in die Vorzeit schon gezeigt hat, keinesfalls in moderner Zeit angelegt worden. Der „Steinstufenweg", so seine Spekulation, könnte ein „Heiliger Weg" gewesen sein, der zum zentralen Heiligtum, dem „Kaisersitz" führte. Dafür spreche auch der nur wenige Schritte weiter sich erhebende kleine Felsturm, der Ähnlichkeit mit einem Horn hat, aber auch als riesiger Phallus verstanden werden könnte. Die kleine Felsgruppe mit dem „Kaisersitz" als Zentrum könnte so einen „Heiligen Bezirk" dargestellt haben, der unter anderem der Beobachtung der Gestirne und des Sonnenstandes diente. Ein bemerkenswertes Indiz dafür, dass diese Annahme nicht ganz falsch ist: Vom Kaisersitz aus gesehen steht die Sonne zu Mittag genau über dem Gipfel des Harzberges.

DER KAISERSITZ BEI BAD VÖSLAU

Sieht man sich ein bisschen um, so wird man nicht zuletzt auch das „Faltdach“ entdecken, ein höhlenähnliches Gebilde, das bei starkem Regen dem Wanderer sichere Zuflucht bietet. Dieser Ort mit seiner magischen Atmosphäre und seiner nicht so schnell zu findenden Lage wirkt auf uns wie die ideale Sommerbleibe für die „Höhlenkinder“ aus den Büchern von Alois Theodor Sonnleitner, besitzt er doch die besten Voraussetzungen für einen guten und sicheren Rastplatz: Wer sich hier aufhält, ist geschützt durch das Felsdach, hat den Rücken gesichert und nach vorne hin die Möglichkeit, das tiefer gelegene Tal einzusehen und jede Bewegung darin früh zu erkennen.

Auf jeden Fall haben wir mit der Felskuppe um den „Kaisersitz“ einen Ort der besonderen Kraft betreten, der in alter Zeit als Kultstätte oder Meditationsplatz verwendet wurde. Und wer für die Mystik des Platzes keine Ader hat, genießt die wundervolle Aussicht, die sich von hier in die Ebene des Wiener Beckens bietet. Dieser Fernblick ist fürwahr kaiserlich!

INFO

Parken beim ehemaligen Gasthaus „Zur Waldandacht“, von hier auf markiertem Wanderweg zum Kaisersitz.

Ein wahrhaft rätselhafter Ort: der wie mit Meißel und Hammer in den Fels gearbeitete „Kaisersitz".

Der Hängende Stein bei Unterkirchbach

Mitten im Wald, fernab der Straße, befindet sich ein seltsamer Stein. Er bietet dem Wanderer eine wundervolle Sitzgelegenheit und die Möglichkeit, die leeren „Energiezellen" wieder aufzutanken. Von allen Seiten gut beschildert, ist der richtige Waldpfad zum Hängenden Stein nicht zu verfehlen. Die asphaltierte Landesstraße von Königstetten nach Unterkirchbach lädt so manchen Sportwagenfan, aber ganz besonders die Motorradfahrer dazu ein, so richtig aufs Gas zu drücken. Aufgrund der vielen Serpentinen und der im Wald vor grellem Sonnenlicht geschützten Strecke ist dieser Teilabschnitt im Wienerwald als eine Art „Hasardstrecke" verschrien. Als wir uns auf die Suche nach dem geheimnisvollen „Hängenden Stein" machen, vernehmen wir auch prompt das Heulen der Motoren! Lassen Sie sich dennoch nicht davon abhalten, den Hängenden Stein zu suchen. Je weiter Sie von der Straße wegkommen, desto ruhiger wird es. Jeder Schritt ist lohnenswert und bietet dem aufmerksamen Naturliebhaber zahlreiche Fotomotive. Der Wald ist hier wundervoll in seiner ganzen Erscheinung. Prachtvolle, von Sonnenlicht durchflutete Farne säumen hier den Boden, dann stehen wir auch schon vor dem imposanten Felsgebilde. In seiner unmittelbaren Nähe befindet sich eine sehr romantisch anmutende hölzerne Sitzbank. Nehmen Sie hier Platz und lassen Sie die Szenerie auf sich wirken. Der Hängende Stein ist ein mächtiger Felsblock aus Sandstein, der, wie sein Name andeutet, über einem Steilhang frei in die Luft ragt. Wind und Regen haben wohl dazu geführt, dass ein Teil des Erdreichs unter ihm erodiert ist. Er ist mit kleinen und größeren Ritzzeichnungen und Inschriften übersät, mit denen sich Besucher hier verewigt haben; der Heimatforscher Franz Appel aus Kirchbach berichtet, dass man einst auf dem Stein auch runenartige Zeichen gesehen haben soll. Wenn man genau schaut, bemerkt man in seinem höchsten Bereich auch kleine „Näpfchen", die von Menschenhand ausgerieben wurden – das deutet darauf hin, dass der Stein einst im Mittelpunkt von Kulthandlungen stand. Das Ausreiben von Näpfchen im Stein, so die gängige Interpretation, war der Versuch einer magischen Beschwörung der Gottheiten, verbunden mit der Bitte um Fruchtbarkeit. Trifft diese Annahme zu, so war der Hängende Stein von Unterkirchbach eine Art prähistorischer Altar. Ein Indiz dafür sind nicht zuletzt die Geschichten, die rund um den Steingiganten erzählt werden, ihr Tenor: Es soll hier nicht ganz geheuer sein. Eine vielfach übliche Strategie: Was der „heidnischen" Bevölkerung heilig gewesen war, wurde vom Christentum mit dem Geruch des Teuflischen stigmatisiert.

Aus der Sicht der Historiker stellt sich eine weitere Frage: Um das Jahr 990 wird ein „Hangintenstein" als östlichster Grenzpunkt des Besitzes der Diözese Passau im Tullnerfeld genannt und meist setzte man diesen mit Greifenstein gleich. Nicht unwahrscheinlich jedoch, dass mit dieser Ortsangabe, die sich deutlich auf eine Felsformation bezieht, auch der „Hängen-

Die Bank nahe dem Kultstein.

Ein Platz, an dem es nicht ganz geheuer sein soll: der Hängende Stein von Unterkirchbach.

de Stein" bei Unterkirchbach gemeint war. Die erste urkundliche Erwähnung von Burg Greifenstein erfolgt erst 1135.

Mit einiger Sicherheit können wir aber sagen, dass es sich hier um eine alte Kultstätte handelt. Doch auch wenn man daran nicht so recht glauben will: Die Umgebung dieses markanten Felsenungetüms zeichnet sich dadurch aus, dass sie ein besonders guter Ruheplatz ist. Verweilen Sie hier und nehmen Sie Platz auf der Bank nahe dem Kultstein. Fühlen Sie die hier wirkende Kraft der Ruhe, die Sie hervorragend meditieren lässt. Abgesehen vom Hängenden Stein ist der Wald rund um die Felsformation ein Ort mit einer sehr guten Aura, die von fast jedem, der hier unterwegs ist, verspürt wird. Bei schönem Wetter wird das Wohlbefinden durch die hereinfallenden Lichtstrahlen noch tausendfach verstärkt.

INFO

Wir fahren über St. Andrä vor dem Hagenthale nach Unterkirchbach und parken hier. Zu Fuß geht es die Straße Richtung Königstetten weiter, nach der ersten scharfen Linkskurve führt links ein Fahrweg zu einem Sattel, von hier ein unmarkierter Pfad zum Hängenden Stein. Wer die Landschaft länger genießen möchte, kann den Ausflug zu diesem alten Kultort mit einer Wanderung durch die malerische Hagenbachklamm verbinden.

Eine Art prähistorischer Altar mitten im Wald: Von Menschenhand ausgeriebene „Näpfchen" verweisen auf mögliche Kulthandlungen.

Der Karlstisch in Baden

Es ist ein kleiner Spaziergang, der uns unvermittelt mit einem Blick in eine ferne Vergangenheit konfrontiert. Vom Bahnhof in Baden kommend, überqueren wir auf der Vöslauer Straße die Schwechat, biegen links in die Braitner Straße ein und gehen dann rechts in die Rohrgasse hinein. Gegenüber von Haus Nr. 28 zweigt die Gasse „Veste Rohr" ab, die uns nach etwa 100 Metern an unser Ziel führt: den „Karlstisch".

Vorab: Wir finden es sehr erfreulich, dass sich dieser „Kultplatz" in Baden behaupten kann. Vor vielen Jahren waren der Platz und das gesamte Areal rund um den Karlstisch, wie wir in Österreich sagen: „a Gstätten". Also ein von Unkraut umwuchertes und von wildem Gestrüpp durchsetztes Gebiet, auf dem so manche Zeitgenossen ihr Gerümpel oder ihren Mist entsorgten. Kein Ort jedenfalls, der der Bedeutung des Objekts gerecht wurde. Der Tisch war eine Zeitlang auch von Sprayern verunziert worden.

Doch nun ist das ganz anders. Der wundersame Kulttisch in Baden ist heute von einem Zaun umgeben. Das Areal rund um die kleine, nun abgesperrte Fläche hat sich mittlerweile stark verändert. Eine Häusersiedlung und ein Kinderspielplatz sind in der Nähe entstanden. Eine Initiative des Vereins Vestenrohr-Karlstisch, unterstützt von der Niederösterreichischen Stadterneuerung, hat dem legendären „Steinernen Tisch" gut getan.

Der Karlstisch zählt zu jenen mysteriösen Relikten aus grauer Vorzeit, die durch ihre klobige Urtümlichkeit unsere Aufmerksamkeit und Neugier herausfordern, rätselhaft und beunruhigend zugleich. Der steinerne „Karlstisch" in Baden erinnert an eine Welt lange vor dem Christentum, an eine archaische Religiosität, in der die allmächtige und immer wieder zürnende Gottheit nur durch Opfer zu besänftigen war. Die Sage erzählt, dass sich hier einst Kaiser Karl der Große, der heute im Salzburger Untersberg auf das Ende der Welt wartet, zum Mahl niedergelassen haben soll – daher der Name „Karlstisch". Eine nette Geschichte, aber wohl nicht mehr. Denn warum sollte Karl, der alles „Heidnische" hasste und von seinen Knechten brutal zerstören ließ, ausgerechnet hier eine Ausnahme machen? Seine Kriegszüge gegen die Awaren führten ihn zwar in den Wiener Raum, von einem Aufenthalt des Karolingerherrschers in Baden wissen die Quellen aber nichts, anno 869 wird *Padun* allerdings als Pfalz Karlmanns, des Enkels Karls des Großen, genannt.

Auffallend ist die Ähnlichkeit des „Karlstisches" zum ebenso urtümlichen Steintisch vor der Wallfahrtskirche Maria Taferl, dem nachgesagt wird, dass er ein keltischer Opfertisch gewesen sein soll. Geht man von dieser Annahme aus, so wären die beiden „Tische" prähistorische Altäre gewesen, Orte kultischer Opferhandlungen. Blicken wir uns dazu die Dimensionen des „Karlstisches" genauer an: Die runde Tischplatte hat einen Durchmesser von 1 Meter 70; der Sockel hat die Maße 100 x 60 x 60 cm; der gesamte Tisch wiegt 1.555 kg. Die Tischplatte ist aus einem Stück gearbeitet und weist in ihrer Mitte eine schalenartige Vertiefung auf – ein mögliches Indiz

Mysteriöses Relikt aus grauer Vorzeit, 1.555 kg schwer: der Karlstisch in Baden. Hier soll sich einst Kaiser Karl der Große zum Mahl niedergelassen haben.

für die Funktion „Opferstätte". Gewiss ist, dass die Form des Steintisches bereits einen deutlichen Fortschritt im Kult der Gottheit darstellte: Die Opferstätte erhob sich nun bereits deutlich über dem Boden, ihre Erhöhung symbolisierte die Erhebung der Opfergabe zu den himmlischen Mächten, der Altar späterer Zeit, der „Tisch des Herrn", kündigte sich an.

Spätere Geschlechter missverstanden diese ursprüngliche Funktion und sahen im „Karlstisch" tatsächlich einen Tisch, die sakrale Komponente ging jedoch nicht ganz verloren. So berichtet eine Quelle aus dem 16. Jahrhundert, dass alljährlich am Ostermontag von den Badener Honoratioren beim „Karlstisch" ein Mahl abgehalten worden sei, davor sei noch das Evangelium verlesen worden – noch existierte also eine Ahnung davon, dass dieser Ort einst von großer kultischer Bedeutung gewesen war.

Das alljährliche Ostermahl verwandelte sich schließlich zum Hochzeitsmahl: In der Familie des Grundbesitzers war es bis zum Beginn des 20. Jahrhunderts üblich, bei jeder Hochzeit in der Familie beim „Karlstisch" ein großes Gastmahl für die Hochzeitsgäste zu veranstalten.

Wundersame Geschichten ranken sich seit jeher um den Karlstisch: So berichteten Badener Bürger von „flackernden Lichtern, die sich zu bestimmten Zeiten über den feuchten Wiesengrund" bewegen sollten.

Bis zum Jahr 1839 wurde an jedem Todestag des Frankenkaisers – dem 28. Jänner 814 – in der Nähe des Tisches eine Art Prozession durchgeführt. Erst nach dem rätselhaften Tod zweier Männer, die im Rausch die Steinplatte vom Sockel gestoßen haben sollen, stellte man diesen alten Brauch ein. Ebenfalls bis ins 19. Jahrhundert hinein wurde beim Karlstisch das sogenannte „Banntaiding", die Untertanenversammlung des Orts, abgehalten, bei dem man den Ortsrichter wählte und nach altem Recht Urteile sprach. Das könnte darauf hinweisen, dass der „Steinerne Tisch" nach dem Untergang der Veste Rohr – ihre Überreste befinden sich unter dem Spielplatz der Wohnanlage Veste Rohr – deren Funktion als „Gerichtsstand" übernahm.

Seltsame Vorfälle sind auch aus späterer Zeit überliefert, so soll am Abend des 7. Februar 1923 Folgendes passiert sein:

Zwei Winzer, die ihre Weingärten in der Nähe des Fieberkreuzes am Hartberg hatten und den ganzen Tag über in den Rieden tätig gewesen waren, befanden sich auf den Heimweg. Da sie den Weg seit ihrer Jugend bestens kannten, waren sie ohne Licht unterwegs, obwohl es bereits dunkel geworden war und Nebel einzufallen begann. Sie waren in der Nähe des Karlstisches angekommen, als sie schemenhafte Gestalten zu erkennen glaubten. Sie traten näher heran und erblickten eine Szene, die sich ihnen tief ins Gedächtnis graben sollte: Rund um den Karlstisch saßen vier unbekannte Personen, die sie unbeweglich anstarrten. Vier Männer, deren Anblick sie derart lähmte, dass sie unfähig waren, auch nur einen Finger zu rühren. Gleichzeitig aber nahmen die beiden Winzer in ihrem Trancezustand jedes Detail der unheimlichen Gestalten wahr. Es war, als hätten sie die Grenze zu einer „Anderswelt" überschritten. Schließlich fassten sie Mut und wollten näher an den Karlstisch herantreten – doch in diesem Moment waren die fremden Gestalten verschwunden.

Lange Zeit hindurch sollen die beiden braven Winzer kein Wort über ihr merkwürdiges Erlebnis verloren haben, erst nach Monaten brachen sie ihr Schweigen und berichteten über die unheimliche Begegnung. Die Gegend um den Karlstisch soll danach von den Bewohnern Badens ängstlich gemieden worden sein.

INFO

Der auf Initiative des Vereins Vestenrohr-Karlstisch vom Badener Steinmetzmeister Rainer Kössler restaurierte Karlstisch steht im Ortsteil Rohr, Veste Rohr, alljährlich wird ein „Karlstischfest" gefeiert.

Die Einödhöhlen in Pfaffstätten

Wer die im Bezirk Baden gelegene Weinbaugemeinde Pfaffstätten besucht, der kommt meist der guten Weine wegen, die es bei einer Vielzahl von Heurigen und Buschenschenken sowie bei den Winzern selbst zu verkosten gibt. Auf den Kalksteinbraunerden und sandigen Lehmböden der Region gedeiht denn auch eine breite Palette hervorragender Weine: Fruchtig-erfrischende Weißweine wie Chardonnay und Welschriesling werden ebenso gekeltert wie schwere Rotweine und elegante Süßweine, autochthone Trauben wie Zierfandler und Rotgipfler locken zum Verkosten. Die Weine aus der Gegend waren bereits im Mittelalter begehrt und so nimmt es nicht wunder, dass die großen Klöster schon früh ihr Augenmerk auf den Ort richteten: Stift Klosterneuburg, später auch die Klöster von Heiligenkreuz, Melk, Lilienfeld, Klein-Mariazell, Mauerbach und Gaming sowie das Augustinerkloster in Baden und das Wiener Himmelpfortkloster erwarben hier Lesehöfe. Die „Pfaffen" gaben also in den Rieden und Kellern an der Thermenlinie den Ton an – „Pfaffstätten", das in einer Urkunde aus der Zeit um 1120/30 erstmals erwähnt wird, soll seinen Namen dieser Tatsache verdanken.

Der Weinort wartet aber nicht nur mit so manch gutem Tropfen auf, sondern auch mit wundervollen Wanderwegen, die zu entdecken es sich lohnt. Zwei besondere Wanderziele liegen im Einödtal, das der Entspannung und Entschleunigung suchende Wienerwaldkenner immer wieder gerne aufsuchen. Die „Einöd", wie das Tal auch kurz genannt wird, zieht sich von Pfaffstätten zwischen dem Südabhang des Anningers und dem Hühnerkogel zur sogenannten „Gaadener Bucht" hin und ist, wie Funde zeigen, uraltes Siedlungsgebiet – 1909 entdeckte man eine „Wohngrube", die offensichtlich von Menschen der Steinzeit benutzt worden war. Die Sage erzählt, dass im Einödtal in grauer Vorzeit der Riese „Einöder" gelebt habe, der Karl den Großen in den Krieg gegen die Awaren begleitet haben soll und mit seinem gewaltigen Spieß acht bis neun Feinde auf einmal aufspießen und töten konnte. „Wie Kröten" soll er die armen Opfer dem Kriegsbann des Frankenherrschers vorangetragen haben. Die Einödhöhle soll von diesem ungemütlichen Riesen als Wohnstätte benutzt worden sein, allerdings handelte es sich dabei nicht um die heutige Einödhöhle, sondern um die „Große Einödhöhle" in der Nähe des ehemaligen Einödwirtshauses am Talgrund. Da die Decke einzustürzen drohte, wurde diese Höhle, die so geräumig war, dass angeblich zwei zweispännige Wagen gleichzeitig hineinfahren konnten, 1888 gesprengt. Den Namen „Einödhöhle" übertrug man auf die höher am Hang liegende „Fledermaushöhle", Steinmaterial aus der Höhle wurde angeblich zum Bau der Zweiten Wiener Hochquellenleitung verwendet.

Eine Variante der Riesen-Sage berichtet, dass „Einöder" oder auch „Änother" ein Sohn der reichen Frau Gula gewesen sei und ihm Taubenloch im Ötscher eine Zuflucht gefunden habe – eine Konstellation, in der Keltenspezialist Georg Rohrecker die keltische „Große Urmutter" und ihren „Sohngeliebten" und Heros Dagda, auch bekannt als

Das kleine Plateau vor den Eingängen zur Einödhöhle ist ein wunderbarer Ort, um in der Nachmittagssonne Kraft zu tanken.

Cernunnos oder Esus, erkennen wollte. Hinter der Sage von „Einöder" verberge sich der keltische Mythos, „Einöder" oder „Änother" (= „Another", der Andere) sei eine Variante des häufig auftretenden „Wilden Mannes", dafür spreche auch sein Attribut, die riesige Lanze, in welche die ursprünglich immer grünende Keule Dagdas verwandelt worden sei. Aus dem Mythos vom göttlichen „Sohngeliebten", der alljährlich wiedergeboren wird, sei in der christlich überformten Sage die Geschichte eines blutrünstigen Monsters geworden – eine Interpretation, der wir einiges abgewinnen können.

AM MEERESSTRAND: DIE EINÖDHÖHLE

Die Einödhöhle ist geboren aus der Kraft des Meeres. Sie ist das faszinierende Relikt einer unendlich fernen Urzeit, einer Welt ohne Menschen. Vergegenwärtigen wir uns kurz den dramatischen erdgeschichtlichen Hintergrund: Vor etwa 130 Millionen Jahren, gegen Ende der Oberen Kreidezeit, setzt ein plattentektonischer Prozess ein, der mächtige Sedimentschichten aus dem Meer an die Oberfläche bringt: Nach dem Auseinanderbrechen des Superkontinents Pangäa driftet die Afrikanische Platte in einer Drehbewegung nach Norden in Richtung des heutigen Europa und kollidiert schließlich vor 53 Millionen Jahren, im Eozän, mit der dazwischenliegenden Adriatischen Platte, so dass sich diese wie ein Sporn unter Europa schiebt. Daraufhin werden die Sedimentformationen zunächst durch den starken seitlichen Druck gepresst und gefaltet und allmählich in die Höhe geschoben – die „Geburt" der Alpen. Im Bereich des Wienerwaldes bohrt sich die Stirnseite des Kalkgesteins in die Flyschunterlage und schiebt sich unter diese. Angetrieben von der Urgewalt der Erde, verschmelzen zwei völlig konträre steinerne Welten zur Landschaft, wie wir sie heute kennen.

Wesentlich jünger als der Wienerwald ist jedoch das Wiener Becken: Seine stufenweise Bildung setzt erst vor etwa 10 Millionen Jahren durch das Auseinanderweichen von Krustenteilen ein, die Geologen sprechen daher auch von einem „Pull-apart-Becken". Die entstehende Senke füllt sich mit Meerwasser, es entsteht das so genannte „Sarmatische Binnenmeer", das bis in die Steppengebiete Südrusslands reicht. Durch die Zuflüsse aus den Alpen verwandelt sich dieses Meer allmählich in einen riesigen Süßwassersee, der langsam mit Material aus den Bergen aufgefüllt wird. Vor 1 bis 2 Millionen Jahren verlandet das Wiener Becken endgültig; die Geschichte des Meeres, von dem es einst bedeckt war, ist am Ostabfall des Wienerwaldes in Stein geschrieben. So etwa markieren Strandgerölle und Riffkalke am Nussberg in Wien die ehemalige Uferlinie; eine beeindruckende Fülle von Mollusken – Schnecken und Muscheln – findet sich zum Beispiel in den Sandschichten der Gainfarner Bucht. Diese fossile Lebenswelt gibt uns Auskunft über das Alter der Sedimente und erzählt von den Lebensbedingungen im Meer der Urzeit: Salzgehalt und Wassertemperatur, Wassertiefe und Sauerstoffgehalt des Wassers können so erschlossen werden. Das Meer ist für den Wissenden im Wienerwald noch immer allgegenwärtig – die Einödhöhle erzählt uns von seiner Existenz.

Vom einstigen Gasthof „Zur Waldschnepfe" des Gustav Grausam im Ortsteil

*Geboren aus der Kraft des Meeres:
die Einödhöhle im Dolomitgestein
des Pfaffstättner Kogels.*

DIE EINÖDHÖHLEN IN PFAFFSTÄTTEN

Einöde, der auch streng geografisch schon zum Wienerwald zählt, erreichen wir über einen schmalen, jedoch gut zu erkennenden Weg nach kurzer Wanderung die beiden im Südhang des Pfaffstättner Kogels gelegenen Höhleneingänge. Die Terrasse vor der Einödhöhle ist mit Tannennadeln übersät, zwei Bänke und ein Tisch stehen für die Besucher bereit. Ein Tipp vorweg: Nehmen Sie, bevor Sie die Höhle betreten und mit Ihren mitgebrachten Taschenlampen zu erkunden beginnen, an diesem Tisch Platz und lassen Sie Ihren Blick über das Einödtal schweifen. Der Platz im Schatten der Baumkronen ist äußerst gut gelegen: Die Schönheit der Wienerwaldlandschaft entfaltet sich von hier aus in ihrer ganzen Pracht.

Die Einödhöhle, eine Brandungshöhle im Dolomitgestein des Pfaffstättner Kogels, die größte dieser Art am Ostabhang des Wienerwaldes, diente im Laufe der Zeit vielen Menschen als Zufluchtsort: den Bewohnern des Umlandes, die sich hier vor Türken und Franzosen in Sicherheit brachten, aber auch so manch lichtscheuem Gesindel, das Grund hatte, seinen Aufenthaltsort zu verbergen. Noch 1920 und 1922 fand man hier versteckt die Beute aus diversen Einbrüchen. 1924 entschloss man sich, die Höhle in eine Schauhöhle umzuwandeln, um diese, wie die *Neue Freie Presse* anlässlich der Eröffnung am 22. April 1925 am nächsten Tag schrieb, „naturkundlich merkwürdigen und landschaftlich reizvollen Flecke der Heimaterde den weitesten Kreisen der Bevölkerung“ zugänglich zu machen. Die beiden Eingänge zur Höhle wurden mit Toren aus Holz versehen, ein Bataillon Pioniere des Bundesheeres sorgte für den Innenausbau, zugleich rührte man fleißig die Werbetrommel: Eintagesausflüge für Besucher aus Wien, die mit der Bahn anreisten, wurden propagiert, die Eintrittskarten zum Preis von 30 Groschen erwarb man in der Kaffee-Restauration „Zur alten Einöde“ oder auch in der „Waldschnepfe“; wer wollte, konnte hier übernachten, immerhin 16 Fremdenzimmer standen zur Verfügung.

Zur feierlichen Eröffnung reiste Niederösterreichs Landeshauptmann Karl Buresch persönlich an, der Berichterstatter der *Neuen Freien Presse* schwelgte begeistert in Vorzeit-Visionen: „Das Wiener Becken bis zum Schneeberg, sonst umfriedet von den in der blauen Ferne ziehenden Leithabergen, all die freundlichen Flecke und Orte bis Baden und Pfaffstätten drunten zu Füßen am Taleingange, wird zu einem wildbrandenden Urmeer, es rauscht bedenklich in den Schachtelhalmen an den Gestaden von Gumpoldskirchen, Ichthyosaurus und Inganodon (sic!) umschwimmen mit gesträubten Schwänzen den guten, alten, ehrlichen Anninger und wo heute blühende Obstbäume die Weinberge umsäumen, die Rebenhügel von den dunklen Föhren der sonnigen Waldhänge abgelöst werden, da schlägt die tobende Brandung haushoher Wellen an den Dolomitkalk des Berges.“

Die einzelnen Abschnitte der ehemaligen Fledermaushöhle erhielten nun fantasievolle Namen, so wurde eine bizarr geformte Felsengruppe als „Kopf des Riesen Einöder“ benannt, ein Höhlenraum, der mit seinen durch die Brandung geschaffenen „Auskolkungen“ faszinierte, wurde nun zum „Thronsaal“. Um den Besuchern überhaupt erst einen Rundgang durch die Höhle zu ermöglichen, musste ein Verbindungsstollen in den Dolomit gesprengt werden. Zur größten Sehenswürdigkeit der Höhle erklärte man die „Luckerte Wand“, ein Gewirr aus mächtigen Felsrippen, das seine Form der Kraft der anbrandenden Wellen verdankt.

Die Eingänge der ehemaligen Schauhöhle sind nun mit hölzernen Absperrungen versehen.

Das einfallende Sonnenlicht lässt die bizarre Struktur der Höhlenwände gut zum Vorschein kommen.

Der Druck des Wassers soll pro Quadratmeter bis zu 30 Tonnen erreicht haben.

Im sogenannten „Fledermausgang", der seinen Namen von den zahlreichen Fledermäusen erhielt, die sich damals darin aufhielten – dazu zählten Große und Kleine Hufeisennase, Große Speckfledermaus, Riesenabendsegler und Frühfliegende Fledermaus –, zog man eine Stützmauer ein, um das Nachrutschen der Sandmassen zu verhindern.

Pro Jahr kamen etwa 30.000 Besucher ins Einödtal, dennoch wurde der Schauhöhlenbetrieb nach dem Ausbruch des Zweiten Weltkrieges eingestellt. 1982 erklärte das Land Niederösterreich die Höhle, die bereits 1949 zum Naturdenkmal erklärt worden war, zur „besonders geschützten Höhle", man verzichtete jedoch darauf, sie abzusperren. Die Höhle blieb frei zugänglich, der Fledermausreichtum von einst ist allerdings längst verschwunden, allenfalls die Kleine Hufeisennase ist hier noch anzutreffen.

SCHNEEWITTCHENS GRAB: DIE ELFENHÖHLE

Auch diese Höhle befindet sich im Südhang des Pfaffstättner Kogels, von der Einödhöhle aus ist sie in wenigen Minuten erreichbar. Die eine Gesamtlänge von 30 Metern aufweisende, durch Brandung entstandene „Bruchfugenhöhle", wie der Fachausdruck lautet, ist laut Niederösterreichischem Höhlenschutzgesetz ebenfalls eine „besonders geschützte Höhle", das Betreten ist daher verboten. Beim Benennen einzelner Höhlenteile ließen sich die Erforscher wieder vom Mythos inspirieren: Ein Hohlraum mit mehreren Öffnungen wurde zu „Schneewittchens Grab", ein anderer „märchenhaft" wirkender Raum, der durch einen mächtigen Pfeiler gestützt wird, zur „Kapelle". Hier sind noch Spuren der früheren Reibsandgewinnung zu erkennen.

Die Höhlen des Wienerwaldes sind wie erwähnt wichtige Rückzugsorte für unsere geliebten Fledermäuse, aber auch Insekten und Schmetterlinge überwintern hier. Der Lichteinfall in den für den Wienerwald doch recht großen Höhlenraum bringt die Konturen des Umgebungsgesteins erst richtig zur Geltung.

Den Platz vor den Eingängen der Elfenhöhle möchten wir Ihnen ganz besonders an Herz legen: Hier herrscht ein Klima der Entspannung. Noch eine Bitte an unser Verantwortungsbewusstsein: Halten Sie bitte jeglichen Unrat von den Höhlen fern und nehmen Sie alle „Papierln" und Speisereste wieder mit.

Aus Schutzgründen sind die Einödhöhle und die Elfenhöhle vorübergehend geschlossen worden. Auskunft über allfällige Öffnungszeiten und Besichtigungsmöglichkeiten erteilt die Gemeinde Pfaffstätten.

Der Kerker von Gumpoldskirchen

An den Wänden der Zellen entdeckt der aufmerksame Besucher Zeichnungen und Inschriften – hier haben sich ehemalige Insassen verewigt.

Das 3.600 Einwohner zählende Gumpoldskirchen, an der Thermenlinie zwischen Mödling und Baden liegend, gilt seit alter Zeit als einer der berühmtesten Weinorte Österreichs. Wanderer, die das sanfte, hügelige Weinbaugebiet am Übergang vom Wienerwald zum Wiener Becken zu schätzen wissen, kommen immer wieder gerne auf Besuch. Als besondere Sehenswürdigkeiten sind das aus dem 16. Jahrhundert stammende Rathaus, in dem sich noch richtige Kerkerzellen befinden, und das bereits im 13. Jahrhundert erstmals urkundlich erwähnte Schloss des Deutschen Ordens – von den Nazis zum „Ersten Reichsweingut" umfunktioniert – zu nennen.

Heute als Lagerräume genutzt, waren die Zellen des Rathauskerkers einst der Schrecken jedes Insassen. Die Räume warten mit einer kleinen Sensation auf: An den Wänden haben sich noch Zeichnungen und Nachrichten von den hier eingekerkerten Menschen erhalten. Wenn nicht schnellstens Rettung naht, ist es nur mehr eine Frage der Zeit, bis diese letzten Spuren der Insassen zur Gänze verblassen oder durch das Herabfallen des Wandbelags völlig zerstört werden!

Gumpoldskirchen hat neben dieser Kuriosität auch einen echten Kraftort aufzuweisen. Der völlig neu gestaltete, nur mehr für Fußgänger zugängliche Kirchenplatz vor dem Feuerwehrmuseum ist mit seinem Brunnen eine Kraftzone und Wohlfühloase sondergleichen. Die Bäume spenden an den heißen Sommerwochen wohltuenden Schatten und das Wasser im Schlossgraben mit seiner Brücke wirkt auf den Betrachter romantisch-beruhigend! Neben der Kirche wurde am Boden ein Labyrinth angelegt. Wir möchten den Besuchern des Ortes auch raten, zumindest einen Blick in die wundervolle gotische Pfarrkirche zum hl. Michael zu werfen. Es zahlt sich aus!

INFO

Das Rathaus, Schrannenplatz 1, befindet sich im Ortszentrum von Gumpoldskirchen. Davor steht der berühmte Pranger des Weinortes, errichtet 1563. Das Feuerwehrmuseum ist an Sonn- und Feiertagen von 14.30 bis 18 Uhr geöffnet, der Eintritt ist frei. Und zum nächsten Heurigen, etwa zum „Alten Zechhaus", Kirchenplatz 1, sind es nur ein paar Schritte.

Der alte Eiskeller im Cobenzl

Auch wenn wir selten darüber sprechen – wir kennen im Wienerwald viele heute völlig in Vergessenheit geratene Orte und Bauwerke, die nur den wirklichen Insidern bekannt sind. Eines dieser im Verborgenen schlummernden Bauwerke hat die lange Zeit seit seiner Errichtung gut überstanden; wir würden uns wünschen, dass dieser Eiskeller, der einer der letzten im Wienerwald ist (vergleiche dazu oben das Kapitel über den Wald von Merkenstein), erhalten bleibt, um auch der Nachwelt von einer völlig anderen Lebenswelt zu berichten.

Der alte Eiskeller am Cobenzl ist uns schon lange bekannt; der Eingang zu ihm war viele Jahre lang verschlossen und mit Müll und Schutt bedeckt. An der Oberfläche unweit des Eiskellers erkennt man noch sehr gut die aus Steinen gebildete Einfassung, in der man das hier aufgefangene Wasser, das im Winter zu Eis gefroren war, zerschlagen hat. Von hier brachte man die Eisklötze in den nahe gelegenen Eiskeller.

Der ursprüngliche Eingang sah früher völlig anders aus. Diesen Eingang hat man völlig zerstört und von seinem ursprünglichen Erscheinungsbild ist so gut wie nichts mehr vorhanden. Heute ist die Stelle, die sich im Waldboden befindet, mit Ästen und Sträuchern verdeckt. Der Herbst tut jedes Jahr ein Weiteres, um mit einem dichten Blätterteppich eine natürliche Tarnung zu erzeugen. Ein aufmerksamer und genauer Wanderer vermag die Stelle, deren Position wir hier nicht genau beschreiben wollen, dennoch zu finden. Vor vielen Jahren, als wir zum ersten Mal den genauen Ort lokalisierten, war der Abstieg in den Eiskeller nicht möglich. Zu viel Gerümpel, darunter befand sich sogar ein alter Kinderwagen, versperrte den Zustieg in diese unterirdische Kammer. Heute ist die Situation eine völlig andere. Unter einem Ziegelgewölbe hat sich ein schmaler Spalt geöffnet. Das hier eingebrachte Erdreich, mit dem man vermutlich den Zugang verschließen wollte, ist nach unten abgerutscht und so können wir mit einem Seil gesichert auf dem Boden liegend durch den schmalen Spalt in den kurzen Gang vor der großen Kammer kriechen. Mit Ziegeln hat man hier eine Art Rahmen gebildet, durch den man durchsteigt. Wer hier abrutscht, stürzt hinab in die große Eiskammer. Über einen aus Natursteinen aufgeschichteten Absatz gelangt man zu einer Treppe, die entlang der Wand zum Grund der Eiskammer führt. Vorsicht ist geboten, denn die Mauerhalterungen des bereits sehr stark in Mitleidenschaft gezogenen Eisengeländers sind durchgerostet.

Diese im Waldboden versteckte imposante, 5,80 Meter hohe Eiskammer misst im Grundriss etwas über 4 x 4 Meter. Der Boden ist mit grobem Blockwerk bedeckt. Die Wände des Bauwerkes bestehen aus Natursteinen, auf denen man eine aus Ziegeln geformte Kuppel errichtet hat. In der Mitte dieser Kuppel befindet sich ein Loch, das jedoch an der Oberfläche verschlossen wurde. Einiges an Unrat wurde hier unten zurückgelassen. An einer Stelle der Eiskellermauer fehlen einige Steine. Am Boden des Eiskellers entdecken wir einen wunderschönen Feuersalamander, der sich hier im kühlen,

Auf dem Weg in den alten Eiskeller.

dunklen Untergrund des Wienerwaldes sehr wohl zu fühlen scheint. Nach den Vermessungsarbeiten verlassen wir den unterirdischen Raum und verschließen den Eingang.

Ein Rätsel, das uns bewegt, bleibt allerdings weiterhin ungelöst: Wo im Park des Schlosses Cobenzl befand sich die legendäre Grotte, die von zahlreichen Gästen des Grafen besucht und beschrieben worden ist? 1781 wandelt Wolfgang Amadeus Mozart in dieser künstlichen unterirdischen „Erlebniswelt" und auch unser Gewährsmann Franz de Paula Gaheis kann sich dem Zauber dieses romantischen Kunstbaus nicht entziehen. In seinem *Führer für Leute von Distinction* schwärmt er von dieser „ ziemlich hohen gewölbten Grotte, welche aus rohen Sandsteinen, worunter verschiedene Mineralien recht überraschend angebracht sind, so zusammengebaut ist, als wenn sie aus Felsen gehauen wäre". Die besondere Attraktion der Grotte: Eine „beständig rinnende Quelle" speist ein Becken, in das man auf steinernen Stufen zum Baden hinabsteigen kann. Ein unterirdischer „Swimming-Pool" also, den sich Johann Philipp Graf Cobenzl auf seinem Besitz einrichten ließ, und damit nicht genug: Zwei künstliche Kaskaden, gespeist aus Wasserbehältern, sorgen für ein wahrhaft pittoreskes Ambiente. In ihrem Buch *Verborgener Wienerwald,* erschienen 2003, kommen Josef Wirth und Robert Bouchal zu dem Schluss, dass sich die verschwundene Grotte im Nesselbach-Tal unterhalb der Höhenstraße und zwischen der Krapfenwaldgasse und der Cobenzlgasse befunden haben müsse. Dort seien noch heute, so schreiben sie, die Anlagen eines Teiches zu erkennen, der einen der unterirdischen Wasserfälle mit Wasser versorgt habe.

Was ist mit der Cobenzlgrotte passiert? Johann Philipp Graf Cobenzl stirbt 1810, unter den nachfolgenden Besitzern, einem Grafen Coronini und später dem Reichsgrafen Pfaffenhofen, verfällt der Park, mit der Übernahme des Anwesens durch den mysteriösen Freiherrn Karl von Reichenbach fällt Schloss Cobenzl endgültig „in Dunkel und Geheimnis", wie Otto Zoff 1911 in einem Feuilleton für das *Prager Tagblatt* feststellt: „Er ließ es ganz verfallen, sperrte sich in verfinsterte Zimmer und gab sich mystischen Experimenten hin. Man sah ihn fast niemals. Hie und da kam er zum Grinzinger Friedhof hinab, um grauenvolle Untersuchungen an Leichen vorzunehmen. Dann verschwand er wieder und sein ganzes Leben schien sich auf eine geisterhafte Weise hinter verhängten Fenstern abzurollen. Das Schloß war damals sehr gemieden und es gingen in der Bevölkerung die seltsamsten und unglaublichsten Sagen darüber um." Reichenbach, der meinte, mit der „Od-Kraft" eine bedeutende neue Entdeckung gemacht zu haben, interessierte sich wohl kaum für die verfallene Grotte; erst der nächste Besitzer, ein Freiherr von Sothen, bekannt durch „seine schon sagenhaft gewordene Grausamkeit und Härte", kümmerte sich wieder verstärkt um das Schloss und seinen Park, einmal im Jahr ließen sich der Tyrann und seine Frau im Krapfenwald von den Angestellten „huldigen" – das ging lange gut, doch 1881 wird Sothen von einem jungen Jäger namens Eduard Hüttler erschossen.

Das Schloss wird daraufhin von den Wienern noch mehr gemieden. Das änderte sich erst mit dem Verkauf des Anwesens an die „Allgemeine holländ.-österreichische Baugesellschaft", die das Schloss zu einem Hotelrestaurant umbauen ließ. Otto Zoff berichtet seinen Lesern von der Eröffnung im Sommer 1911: „Nun ist es also wieder aufgemacht. Als ein neuer Bau steht es hier, weiß getüncht, renoviert, als Hotel mit seitlich anschließenden Salons und einer breiten, sonnigen Terrasse davor, die sich gleichsam in das Land hinaus sehnt." Möglich, dass die Grotte, die von Zoff nicht erwähnt wird, damals noch existierte und erst beim Bau der Höhenstraße in den 1930er-Jahren endgültig zerstört wurde.

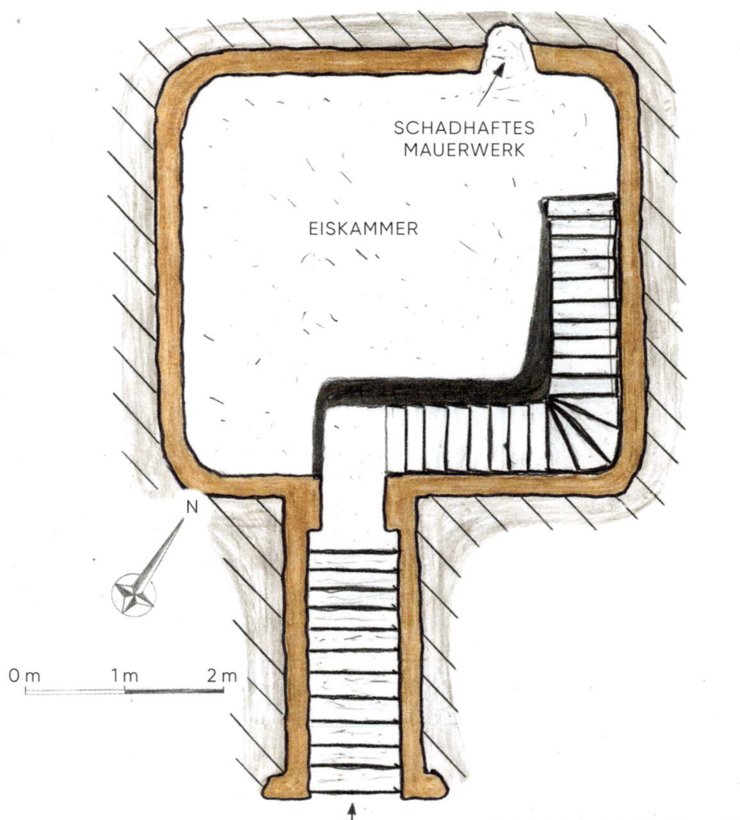

Plan des alten Eiskellers im Cobenzl.

Der unterirdische Gang im Kahlenberg

Viele seltsame Geschichten werden über den Wienerwald erzählt, besonders angeregt scheint die Fantasie der Menschen, wenn über unterirdische Gänge und geheimnisvolle Kammern gesprochen wird. Man erinnert sich dann gerne an Berichte und Erzählungen von Personen, die schwören, das sie etwas ganz Besonderes erlebt haben, manche Dinge werden aus der hintersten Schublade des „Geschichtenschranks" hervorgekramt und fantasievoll ausgeschmückt.

Wir bleiben daher noch etwas bei der faustischen Figur des Freiherrn von Reichenbach und seiner düsteren Welt am Cobenzl. Angeblich ließ der schrullige Erfinder, der das Schloss zusammen mit einer alten Bedienten bewohnte und stets einen wallenden schwarzen Mantel trug, in der Umgebung „verborgene Pfade" anlegen. So berichten Josef Wirth und Robert Bouchal im oben bereits erwähnten *Verborgenen Wienerwald* über ein rätselhaftes unterirdisches Gewölbe am Kahlenberg, für das es noch immer keine gültige Erklärung gibt und das nicht zuletzt auch mit Reichenbach in Verbindung gebracht worden ist: „Unterhalb des sehenswerten romantischen „Kahlenberg-Friedhofes" am südwestlichen Abhang des Kahlenberges zur Wildgrube kann man heute noch, den Waldboden genau absuchend, die Reste eines ehemaligen Gewölbeganges erkennen. Dieser gemauerte unterirdische Gang war laut alten Beschreibungen nicht nur lang, sondern regte auch die Phantasie der Heimatforscher an. In einem 1902 erschienenen Artikel der *Oesterreichischen Touristen-Zeitung* wird berichtet, dass ein vom Hauptgang abzweigender Seitengang sich zu kaum 1 m Breite verenge, um sich schließlich zu einer kleinen, etwa 2 m langen und 1,5 m breiten Kammer zu erweitern. Beide Gänge seien mit Ziegeln verkleidet und in regelmäßigen Abständen beiderseits kleine Nischen eingelassen.

Da dieses Stollensystem in den 1930er-Jahren immer wieder ‚Lichtscheuen' oder ‚politisch Verfolgten' Unterschlupf bot, machte man es durch eine Sprengung vorübergehend unzugänglich. Zum damaligen Zeitpunkt wurde dieses unterirdische Bauwerk ‚Türkenloch' oder ‚Türkenkeller' genannt. Trotz des Einreißens des Einganges konnte noch vor einigen Jahren der Stollen begangen werden; heute dagegen findet man unter dem Laub nur mehr Gruben mit Mauerresten und den Firsten der Ziegelgewölbe im Waldboden.

Über den ursprünglichen Zweck und die Erbauungsgeschichte des Stollens wurde viel gemutmaßt, es gibt die tollsten Spekulationen. Unter anderem wurde die unsinnige Vermutung geäußert, dass es sich um einen Teil eines weit längeren Stollens handelte, der 1683 dem Entsatzheer als Möglichkeit für einen Überraschungsangriff diente."

So weit die Meinung von Josef Wirth und Robert Bouchal 2003. Sie lehnen auch die Hypothese ab, dass es sich um „einen Geheimgang von der Gipfelregion nach Heiligenstadt" handle, und ebenso die „Geschichte", dass hier der geheimnisvolle Freiherr von Reichenbach seine Finger im Spiel gehabt habe. Ihre Vermutung damals:

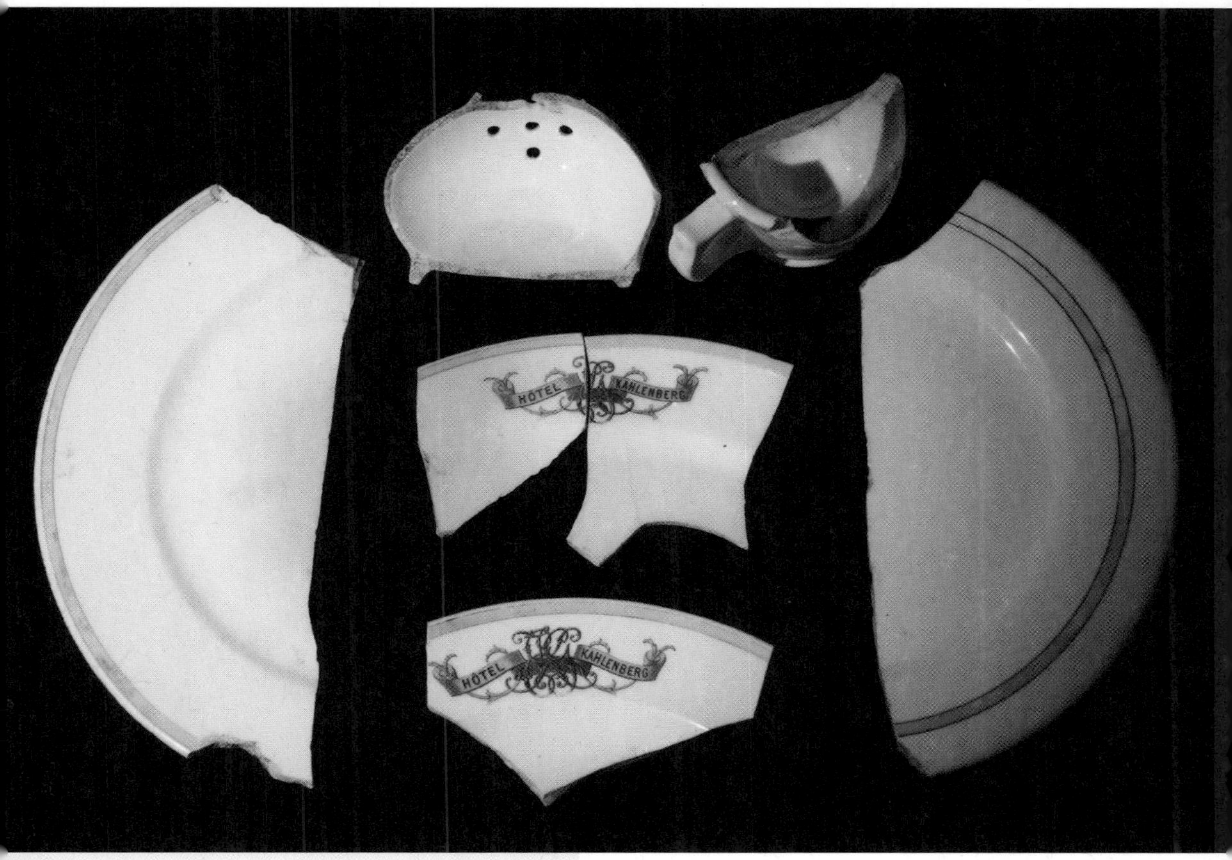

Bis heute tauchen im Waldboden Scherben vom Keramikgeschirr des Hotels Kahlenberg auf.

DER UNTERIRDISCHE GANG
IM KAHLENBERG

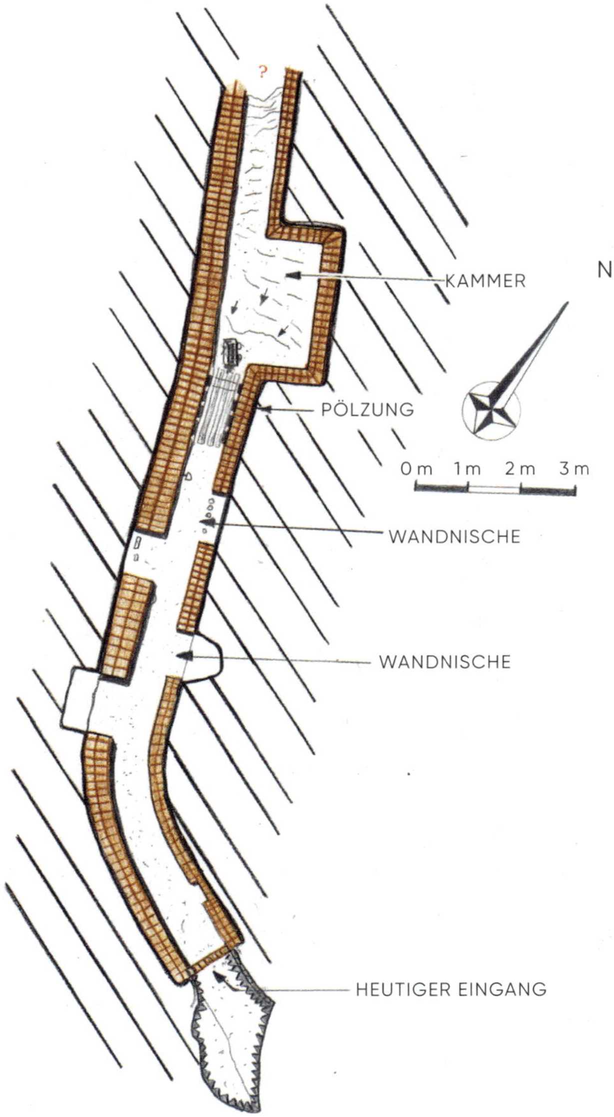

Der unterirdische Gang im Kahlenberg in der Plandarstellung.

„Wahrscheinlich hängt der Gang mit dem einstmals auf dem Kahlenberg ansässigen Kamaldulenserorden zusammen, der 1782 durch Joseph II. aufgehoben wurde", ein Indiz dafür sei nicht zuletzt die Tatsache, dass „der Teil des Kahlenberges, wo sich das Kloster befand, durch die Aktivitäten der Kamaldulenser nachhaltig unterminiert" worden sei.

Zwölf Jahre später: Das Telefon läutet, ein Anrufer berichtet, dass am Kahlenberg ein unterirdischer Gang freigelegt worden sei und wir uns diese Stelle im Waldboden einmal ansehen sollten.

Der Wald, in dem sich der unterirdische Gewölbegang befindet, weist an einer Stelle eine Abladestelle für Keramik auf. An der Oberfläche des Waldbodens taucht, besonders nach starken Regenfällen, eine Vielzahl von zerbrochenen Geschirrteilen auf. Bemerkenswert ist, dass diese Keramikscherben oft noch den Ort ihrer Herkunft verraten. Schön verziert lesen wir „Hotel Kahlenberg". Aus einem uns nicht bekannten Grund hat man hier die Reste des Tischinventars direkt in den Wald entsorgt! Da die Keramik eine extrem lange Haltbarkeit aufweist, sehen viele Bruchstücke nach dem Reinigen wie neu aus. Über die Herberge, aus der sie stammt, weiß man gut Bescheid: Das Hotel Kahlenberg wurde 1871/72 von der Kahlenberg-Aktiengesellschaft erbaut, die zuvor den größten Teil des Kahlenberges erworben hatte. Errichtet wurde das Hotelgebäude durch die Union-Baugesellschaft unter ihrem Direktor M. Hinträger. Um ein ausreichendes Gästeaufkommen abzusichern, beschloss die Kahlenberg-AG den Bau der legendären Zahnradbahn, die von Nussdorf auf den Kahlenberg führte. Die Konzession für den Betrieb dieser Bahn wurde vom k. k. Handelsministerium am 10. August 1872 vergeben; knapp zwei Jahre später, am 7. März 1874, konnte die nach dem Vorbild der Schweizer Vitznau-Rigi-Bahn erbaute und mit Dampflokomotiven betriebene Verbindung eröffnet werden und blieb bis 1922 in Betrieb: Der letzte Personenzug auf den Kahlenberg fuhr am 26. November 1921. Mit der Einstellung der Zahnradbahn verstärkten sich die wirtschaftlichen Schwierigkeiten des Hotels Kahlenberg. 1935 wurde nach Plänen des Architekten Erich Boltenstern ein Restaurant erbaut, das 2003 durch eine moderne neue Anlage ersetzt wurde.

Die von uns aufgesammelten Keramikreste aus dem Bestand des Hotels wurden von uns dem Bezirksmuseum Döbling zur Ausstellung übergeben.

Doch nun zum eigentlichen Ort des Geschehens. Als wir die Stelle im Wald erreichen, die wir 2003 zum letzten Mal gesehen haben, staunen wir nicht schlecht. Hier hat tatsächlich jemand zu graben begonnen! Um die Öffnung im Waldboden hat man inzwischen einen Holzzaun errichtet, an dem ein schmuckloser Zettel befestigt ist – der Text darauf ist eine echte Überraschung: „Welchen Zweck beabsichtigen Sie mit der Grabung? Bitte melden Sie sich beim Grundeigentümer, dem Forstamt der Stadt Wien, unter der Tel.-Nr. ..."

Nun wird uns einiges klar. Hier hat gar nicht die Stadtarchäologie gegraben, sondern ein Raubgräber! Eine uns bis heue unbekannte Person hat hier begonnen, den verschütteten Gang ohne Rücksprache mit dem Forstamt freizulegen, um seinen weiteren Verlauf zu erkunden! Nun ja, jetzt, da der Gang freigelegt ist, sehen wir ihn uns auch an und sind erstaunt, welch enorme Arbeit hier geleistet wurde. Was im Jahre 2003 von uns nur als verschüttetes Gewölbe gesichtet worden war, ist nun in gebückter Gangart zu befahren. Der jetzige Eingang besteht aus einem stumpfen Ziegelgewölbe. Um ein Nachbrechen des Einganges zu verhindern, wurde oberhalb des Gewölbebogens ein Brett eingefügt. Es handelt sich hierbei um einen aus Ziegeln errichteten Gang, der in seinem Verlauf derzeit keine Tagöffnung aufweist. An beiden Seiten wurden bei der Errichtung kleine Nischen ausgespart. Hierbei ist gut die Wandstärke zu erkennen. Spitzhacken, Plastikkübel, Schaufeln und ein kleines, mit vier Rädern versehenes Wagerl sind vor uns abgestellt. Nach dem Durchschreiten des Eingangsbogens beschreibt der Gang nach wenigen Schritten bereits eine Rechtskurve und führt dann in nahezu gerader Linie weiter. Wir gelangen zu einer Stelle im Gang, wo dieser auf einer Länge von gut zwei Metern mit Bretten und Maserhölzern gepölzt wurde. Ein beginnender Deckeneinbruch droht hier den Gang völlig zu zerstören!

Unmittelbar nach dieser Pölzung erweitert sich das Objekt zu einem Raum, der zum Zeitpunkt unserer Anwesenheit noch größtenteils mit Erde verfüllt ist. Wir erkennen aber, dass sich der Gang noch weiter fortsetzt. Über all den Grabwerkzeugen, den Teelichtern, Handschuhen, einem Maßband und verschiedenen anderen Lampen, die wir hier erblicken, begreifen wir auch, welche mühevolle Arbeit hier unten geleistet wurde. Gerne würden wir wissen, wer hier so lange geschuftet hat! In dem dunklen Gang herrscht eine Atmosphäre, als wären gerade die Sieben Zwerge von Schneewittchen nur schnell nach Hause gelaufen, um ihr Abendessen einzunehmen!

Was für einen Zweck hatte der Bau einst? Aufgrund der geringen Ganghöhe können wir annehmen, dass dieser geheimnisvolle unterirdische Gang auf keinen Fall für eine ständige Befahrung durch Menschen vorgesehen war – das wäre für den Alltag viel zu unpraktisch gewesen. Zu welchem tatsächlichen Zweck er letztendlich errichtet wurde, wird die weitere Forschung zeigen, einiges kann man aber jetzt schon sagen: Die beim Bau verwendeten Ziegel stammen eindeutig aus der ersten Hälfte des 19. Jahrhunderts – das beweist endgültig, dass der Gang mit den Türken nichts zu tun hat und auch die „Kamaldulensertheorie“ wackelt. Karl von Reichenbach, der „Zauberer vom Cobenzl“, erwarb Schloss Cobenzl 1835, das würde zur Entstehungszeit der Ziegel passen – sollte der adelige Querdenker, der als Student eine Kolonie auf Tahiti hatte gründen wollen und sich ab 1841 ganz der Suche nach der Lebenskraft „Od“ widmete, tatsächlich etwas damit zu tun haben?

Wir vermessen das Objekt, erstellen einen Plan und machen wie üblich Aufnahmen von der aktuellen Situation. In weiterer Folge wird sich die Stadtarchäologie Wien unter der Leitung von Frau Mag. Fischer Ausserer mit diesem unterirdischen Objekt beschäftigen. Der Stadtarchäologie obliegt es, das Objekt entsprechend aufzunehmen und zu dokumentieren. Der unterirdische Gang ist heute mit einer Eisentür verschlossen und kann nicht mehr betreten werden. Da es hier nichts zu finden gibt und der heute nicht mehr so geheimnisvolle Gang zu Gänze bekannt ist, ersuchen wir etwaige Besucher, dass sie diesen Ort nur von außen betrachten. Eine Tafel am Zaun vermittelt die notwendige Information zu diesem Ort.

Welchem Zweck diente dieser Gang im Kahlen-berg? Ein Rätsel, das noch ungeklärt ist!

Eintauchen IN QUELLEN DES LEBENS

- WASSER FÜR WIEN: DIE ALBERTINISCHE WASSERLEITUNG
- UNTERWEGS ZUM JUNGEND-BRUNNEN BEI BADEN
- MARIA GUGGING, DER HEILIGE BEZIRK IM WIENERWALD
- DER HEILIGE BRUNNEN VON ST. CORONA AM SCHÖPFL
- DIE EHEMALIGE HAUPTWEHR BEI KLAUSEN-LEOPOLDSDORF

4

Die HEILIGEN QUELLEN *des Wienerwalds*

Wasser, so meinte schon Thales von Milet,
sei der Ursprung aller Dinge. Für den Wienerwald gilt das in besonderem Maße: Ausgrabungen haben gezeigt, dass Wasserleitungen aus dem Wienerwaldgebiet einst schon das römische Legionslager Vindobona mit frischem Wasser versorgten. 1905 konnte eine 2,5 km lange Teilstrecke einer römischen Wasserleitung zwischen Mauer und Atzgersdorf ausgegraben und dokumentiert werden, täglich sollen in einem Kanal von 60 bis 65 cm Höhe etwa 5.000 Kubikmeter Wasser nach Vindobona geflossen sein – das reichte, um etwa 15.000 Menschen zu versorgen.

Auch wenn Flüsse wie die Wien und Bäche wie der Alserbach längst unter Beton und Asphalt verschwunden sind – die Flussgötter der alten Zeit leben in der Sage fort. Als „Wassermänner" fristen sie nun ihr gespenstisches Dasein, vom Glanz des Göttlichen ist nicht mehr viel geblieben: So erzählten sich die Anrainer der Wien von einem „Wassermännchen" von „kleiner, etwas krummer Gestalt", mit „tiefen Augenhöhlen" und einem sehr blassen Gesicht, das einen grauen Rock trage und einen „grünen Hut mit schwarzem Band und hohe Röhrenstiefel mit roten Quasten". Das so seltsam gewandete Männchen versprühe nicht wirklich Lebensfreude: „Abends sitzt es öfters mit gesenktem Blick auf den Brettern der Wehre und lockt die Menschen durch beständiges Winken in seine Nähe. Ist ihm aber einer nahe genug, so ergreift es eine günstige Gelegenheit, um ihn in seine Gewalt zu bringen." (Zitiert nach Haiding, Österreichs Sagenschatz.) Noch aber bewahrt die Sage die alte Vorstellung, dass der göttliche Herrscher über den Fluss auch dafür sorgt, dass dieser immer genug Wasser führt und nicht austrocknet, im Gegenzug dafür verlange er alljährlich ein menschliches Opfer. Die Seelen dieser Unglücklichen bewahre er in seinen Gemächern im Fluss unter umgestülpten Töpfen auf.

WALDSPAZIERGANG

Eintauchen in die heiligen Quellen des Wienerwalds

Entlang des Flusses zur Quelle

Wanderung durch das Helenental zum Jungendbrunnen

Ausgangspunkt unserer Wanderung ist das Hotel Sacher Baden, das unmittelbar am Eingang zum Helenental liegt. Wir überqueren vom Parkplatz kommend die Brücke über die Schwechat und wenden uns beim berühmten Taferl **„Wegerl im Helenental"** nach rechts. Nach wenigen Minuten erreichen wir den Gasthof „Hauswiese" – falls jetzt bereits eine Stärkung nötig ist, bietet sich hier eine gute Gelegenheit. Wir bleiben auf dem Wegerl, das am **Ufer der Schwechat** entlang führt, und genießen die Stimmung, die das Schatten spendende grüne Blätterdach und der glitzernde Fluss entwickeln. Sein Ufer ist an manchen Stellen gut zugänglich – wer Lust hat, kann hier an heißen Tagen die Zehenspitzen ins kühle Nass tauchen.

Nach etwa zehn Minuten erreichen wir die markante Felsformation des sagenumwobenen **Urtelsteins.** Wir blicken die steile Wand hoch und wehren uns gegen die schreckliche Vorstellung, dass hier einst tatsächlich zum Tode verurteilte Menschen hinabgestürzt worden sein sollen. Wir wan-

< Markante Felsformation an der Schwechat: der Urtelstein.

dern noch ein Stück bis zur 2010 errichteten **Henriettenbrücke** mit der charakteristischen Holzbogenkonstruktion weiter und überqueren auf dieser die Schwechat. Am Nordufer folgen wir kurz dem **Helenental-Radweg Nr. 40** neben der B 210 und erreichen schließlich die Straßenabzweigung ins **Rosental Richtung Siegenfeld.** Nach etwa 150 Metern biegen wir rechter Hand in eine Forststraße ein, die hinauf in den Wald führt. Immer der gelben Markierung folgend, passieren wir zunächst den kleinen, rechts des Weges liegenden **Siegenfelder Steinbruch** und erreichen nach etwa 20 Minuten, nun den **Purbach** entlang wandernd, den Rastplatz beim **Jungendbrunnen,** der eine der Quellen des Purbachs fasst.

Wir freuen uns über die drei Sitzbänke, die man hier aufgestellt hat, und genießen die wunderbare Atmosphäre dieses magischen Orts. Irgendwie verstehen wir auch unseren „Ariosophen" Guido von List, der hier einen uralten „Jugendbrunnen" und keinen „Jungendbrunnen" sehen wollte. Wasser bedeutet Leben – diese Wahrheit wird uns hier wieder bewusst. Auch wir rätseln über die Tafel, die hier angebracht worden ist – wer war dieser Schwedenoberst „Jungend" und gab es ihn wirklich? Im Frühjahr 1645 waren die schwedischen Truppen unter Feldmarschall Lennart Torstensson in das nördliche Niederösterreich eingefallen. Doch was hatte ein schwedischer Offizier hier südlich der Donau im Wienerwald zu suchen? Befehligte er einen Aufklärungstrupp? Befinden wir uns hier an einem Erinnerungsort oder an einer „heiligen Quelle" unserer Ahnen?

Für Guido von List gab es da keinen Zweifel: Um seine Theorie von der „Wuotans-Heilstätte" noch zu untermauern, interpretierte er die alte Überlieferung vom Riesen Hun, dem sagenhaften Gründer Badens, neu: Im nahen Hühnerberg, so sein abenteuerliches Konstrukt, sei der „Hünenberg" zu sehen, also der „Berg des Hohen", der „Berg Wuotans". In seinem Inneren würde dieser schlafen wie Kaiser Rotbart im Kyffhäuser. Das Ende der Originalsage um den Riesen Hun verschweigt Guido von List wohlweislich, um seine germanophilen Leserinnen und Leser nicht zu verstören: Hun, so die Sage, bewache im Inneren des Hühnerberges einen unterirdischen See. Eines Tages werde dieser See hervorbrechen und mit seinen Fluten die Stadt Baden zerstören. Denn die Weissagung laute: Durch warmes Wasser ist Baden entstanden, durch kaltes wird es untergehen.

Zurück ins Helenental nehmen wir nun den Weg über den **Mitterberg.** Wir folgen bergaufwärts den gelben und roten Markierungen, biegen auf eine Forststraße ein und nehmen an der folgenden Weggabelung den rechten, blau markierten Pfad, der uns zur **Ruine Rauhenstein** führt. Leider ist die verfallene Burg aus Sicherheitsgründen nicht mehr zugänglich. Von hier aus steigen wir dann ins Helenental zur Kirche St. Helena ab und wandern zurück zu unserem Ausgangspunkt.

Charakteristik:
Leichte bis mittelschwere Rundwanderung

Gesamtgehzeit:
Etwa 2,5 bis 3 Stunden

Wasser für Wien: die Albertinische Wasserleitung

Der Einstieg zur Albertinischen Wasserleitung im „kleinen Reservoir" in der Hüttelbergstraße.

Die Kaiserstadt Wien ist noch in der frühen Neuzeit eine Stadt der Brunnen. „Ein yedes hauss hat auch ein prunn, mit ketten und saylen wol versehen", kann Wolfgang Schmeltzl, Schulmeister zu den Schotten, in seinem „Lobspruch" auf die Stadt Wien 1548 stolz sagen, doch mit dem Anwachsen der Bevölkerung reicht die Wasserversorgung durch Brunnen nicht mehr aus – da es bis 1724 auch keine Kanäle in Wien gibt, wächst die Belastung durch Schmutzwasser, vielfach drohen „Brunnenvergiftungen", die man am liebsten gleich den „Hexen" oder auch den Juden in die Schuhe schiebt. Zur Behebung der allgemeinen Wassermisere gibt es nur einen Weg: den Bau von Wasserleitungen. Reiche Adelige leisten sich den Luxus von Privatwasserleitungen, die Wasservorräte des Wienerwaldes werden nun zum willkommenen Reservoir: 1710 wird eine exklusive Wasserleitung für den Grafen Trautson erbaut und ab 1772 errichtet man für das Palais der Grafen Schönborn in der Laudongasse eine aus Holzröhren bestehende Wasserleitung von Ottakring in die Josefstadt; der Ursprung der Graf Schönborn'schen Wasserleitung befindet sich am sogenannten „Wisgrund". Die Gemeinde Ottakring, damals ja noch nicht Teil von Wien, erhält für die Ableitung des Wassers eine bescheidene Gebühr von zwei Holländer Dukaten, später acht Gulden und 28 Kreuzer; noch denkt niemand in Ottakring daran, dass man mit einer Abzweigung von dieser Wasserleitung auch die eigene Wassernot mildern könnte. Ein Jahrhundert später, anno 1820, wird die Schönborn'sche Wasserleitung vom Hofbauamt übernommen.

Aus dem Wienerwald beziehen auch die Fürst Liechtenstein'schen Wasserleitungen ihr Wasser, auch sie werden in der ersten Hälfte des 18. Jahrhunderts erbaut. Ein Strang dieser Leitungen kommt aus den Brunnstuben am linken Ufer der Als in Hernals und führt entlang des Alserbachs und der Alserbachstraße in ein 1710 erbautes Reservoir beim Strudelhof, von dem das Wasser für den Liechtenstein'schen Garten entnommen wird. Eine zweite Leitung hat ihren Ursprung in einer Brunnstube am Währinger Bach, auch ihr Wasser wird in das Reservoir beim Strudelhof geleitet. Eine dritte Quelle, die genützt wird, befindet sich beim Währinger Spitz an der Grenze von Währing zu Döbling; das aus einem artesischen Brunnen stammende Wasser wird bis ins Lichtentaler Brauhaus geleitet.

Doch all diese Wasserleitungen reichen nicht aus und so wird der Plan zu einer neuen Anlage gefasst: der „Herzog Albertinischen Wasserleitung", die 1804 fertiggestellt werden kann. Die Anregung für den Bau stammt angeblich von Maria Theresias Tochter Erzherzogin Maria Christina, der Gemahlin des Herzogs Albert von Sachsen-Teschen. Als Maria Christina unerwartet am 24. Juni 1798 stirbt, ist es Herzog Albert, der dieses Vermächtnis seiner geliebten Frau aufgreift: Er stellt dem Wiener Stadtunterkämmerer und späteren Bürgermeister Stephan von Wohlleben 600.000 Gulden für den Bau einer neuen Wasserleitung zur Verfügung. Mit Zustimmung der niederösterreichischen Regierung geht Wohlleben daran, die von ihm selbst entwickelten Pläne in die Tat umzusetzen.

WASSER FÜR WIEN: DIE ALBERTINISCHE WASSERLEITUNG

Man entscheidet sich für ein quellen- und wasserreiches „Zielgebiet“ im Wienerwald: das Tal des Halterbachs in der Nähe von Hütteldorf. Durch Saug- und Sammelkanäle fasst man an den Hängen des Tals die Quellen zusammen, das gesammelte Wasser leitet man zunächst zu einem „Seiger“, einem Reinigungskessel, und dann weiter zur Brunnstube in der Hüttelbergsstraße. Von hier wird das Wasser in doppelt nebeneinanderliegenden Eisenröhren – ihr Durchmesser beträgt 100 mm – zu einem Wasserturm geführt, der sich auf der „Penzinger Anhöhe“ befindet. Täglich fließen so etwa 400 Kubikmeter Wasser in Richtung westliche Vorstädte – vor allem Mariahilf und Neubau kommen in den Genuss des frischen Quellwassers aus dem Halterbachtal. Für die Bevölkerung werden Wasserbassins und Auslaufbrunnen mit der Aufschrift „Aquae Christianae Albertinae 1805“ angelegt, der Hauptbrunnen wird vor der Mariahilferkirche errichtet. Die Inschrift lautet: „Zum gemeinen Genuß der lang wasserleeren Vorstadt 7.155 Klafter weit aus den Bergquellen geleitet von Maria Christina, der großen Theresia unvergeßlichen Tochter, vollführt vom Gemahle Albrecht von Sachsen, Herzog von Teschen 1805“.

Ein zweiter großer Auslaufbrunnen wird später auf dem Albertplatz in der Josefstadt errichtet; treibende Kräfte dafür sind der Schottenabt Sigismund Schultes und Carl Georg Gaber, der Grundrichter von Breitenfeld. Der Brunnen wird 1833 in Betrieb genommen, geweiht wird er am 22. März 1834 im Beisein von Kaiser Franz I. – einer der letzten öffentlichen Auftritte des Herrschers, der zeigt, wie wichtig das Thema Wasserversorgung in der von der Cholera geplagten Metropole zu diesem Zeitpunkt ist. In der Mitte des achteckigen Brunnens erhebt sich die gusseiserne Statue der Göttin Isis, der mütterlichen Schutzherrin aller Wesen, die dem „Isisbrunnen“ ihren Namen verliehen hat. Da die Ergiebigkeit der Quellen im Halterbachtal allmählich nachlässt, wird der Isisbrunnen später der 1841 in Betrieb gehenden Kaiser-Ferdinands-Wasserleitung angeschlossen, die ihr Wasser aus dem Grundwasser im Uferbereich des Donaukanals zieht.

Der Betrieb der Wasserleitung wurde 1808 der Stadthauptmannschaft Wien übertragen, 1851 ging sie in das Eigentum der „Comune Wien“ über. Nach dem allmählichen Versiegen der Quellen stellte man 1890 den Betrieb der Anlage endgültig ein. Bleibt als Kuriosum zu erwähnen, dass in dem bis zum Jahr 1960 gültigen Wasserversorgungsgesetz für Wien neben der I. und der II. Wiener Hochquellenleitung auch noch die Albertinische Wasserleitung angeführt ist, mit der erstmals ein Teil der rasch wachsenden Reichs- und Residenzhauptstadt Wiens flächendeckend mit Trinkwasser versorgt werden konnte.

Die von Maria Theresias Tochter so weitsichtig initiierte Wasserleitung mag heute vergessen sein – sie ist jedoch nicht spurlos verschwunden: Eingebettet zwischen dem letzten Ausläufer eines Campingplatzes und der wundervollen, im Jugendstil erbauten Villa Wagner II stoßen wir unter der Adresse Hüttelbergstraße 30 im 14. Wiener Gemeindebezirk auf ein unscheinbares Grundstück, dem nun unsere Aufmerksamkeit gelten soll. Es befinden sich hier zwei bis heute erhaltene originale Bauwerke der Albertinischen Wasserleitung, die im Schatten der Wagnervilla nebenan wohl nur selten die Aufmerksamkeit von Passanten finden: die ehemalige Brunnenstube und ein Brunnen.

Wir erhalten von der MA 31 die Erlaubnis, diese beiden historischen Bauten zu besichtigen. Ein Beamter der Wasserwerke ermöglicht uns den Zutritt zu dem umzäunten Areal. Das Eingangstor zur denkmalgeschützten Brunnenstube, einem Rechteckbau mit hohem Satteldach, der heute als Depot für diverse Materialien genützt wird, ist mit kleinen Metallplatten beschlagen, über der Tür sehen wir das Wappen Herzog Alberts von Teschen, auf dem steinernen Türrahmen entziffern wir „A rd = J 33". Wie erwähnt floss das Wasser von dieser Brunnenstube einst in zwei Rohrleitungen zum Wasserturm nach Penzing.

Hinter der Brunnenstube, nur wenige Meter entfernt, erhebt sich der kreisrunde Brunnenbau. Auch hier erhalten wir Zutritt – knarrend dreht sich der Schlüssel im rostigen Schloss, wir können die ebenfalls mit Eisenplatten beschlagene Tür erst öffnen, nachdem wir den Wildwuchs davor beseitigt haben. Eine kurze Erkundungstour im Inneren des Baus überzeugt uns davon, wie hervorragend der Kanal, der von diesem Brunnen in Richtung Halterbachtal wegführt, auch nach über zweihundert Jahren noch erhalten ist. Das Mauerwerk ist in tadellosem Zustand, das Wasser im Brunnenschacht kristallklar – noch immer von bester Qualität. Wir sind beeindruckt von der Präzision, mit der damals gearbeitet wurde.

Neben der Brunnenstube hat man eine Reihe von Steinen versammelt, die an Grenzsteine erinnern – sie markierten einst die Quellgebiete, aus denen die *Aquae Christianae Albertinae* ihr Wasser zog. Nach der Außerbetriebnahme der Wasserleitung wurden die Steine zusammengetragen und hier aufgestellt.

INFO

Das ehemalige Brunnenhaus der Albertinischen Wasserleitung in der Hüttelbergstraße 30 ist nicht öffentlich zugänglich.

Unterwegs zum Jungendbrunnen bei Baden

Das wildromantische Helenental unweit der Thermenstadt Baden ist schon lange als äußerst beliebtes Ausflugsgebiet bekannt. Wer hätte nicht den alten Schlager von Alexander Steinbrecher vom „kleinen Wegerl im Helenental“ im Ohr? 1796 verbrachte Kaiser Franz, damals noch der II., erstmals den Sommer in Baden, mit der kaiserlichen Gunst, die der Stadt zuteil wurde, kam der Aufschwung zum Nobelkurort, es begann nicht zuletzt die Aufschließung des Helenentals: Am linken Schwechatufer wurde ein Fußweg angelegt, der als Promenade zur Krainerhütte führte – das erste „Wegerl“ konnte begangen werden.

Auf den Wanderwegen entlang der Schwechat lässt es sich auch heute noch hervorragend flanieren. Begleitet vom munteren Fluss, der aufgrund der topografischen Gegebenheiten ständig seine Breite oder sein Aussehen verändert, ist das Helenental auch für einen kurzen Spaziergang nach dem Mittagessen zu empfehlen.

Fährt man von Baden kommend durch das markante Felsentor, das 1826/27 – gefördert von Kaiser Franz I. – durch den Urtelstein getrieben wurde, so gelangt man zu einer Straßenabzweigung, welche rechts in Richtung Siegenfeld und das malerische Rosental führt. Schon wenige Meter nach dieser Abzweigung erblickt man auf der rechten Seite eine Forststraße, welche mit einer kleinen Steigung in den Wald führt. Es lohnt sich auf alle Fälle hier anzuhalten und zu Fuß auf dieser Forststraße weiterzugehen, direkt in den Wald hinein, immer der gelben Markierung folgend. Nach wenigen Minuten taucht auf der rechten Seite des Weges, hinter Bäumen versteckt, der kleine stillgelegte Siegenfelder Steinbruch auf.

Anhand der vielen Feuerstellen ist leicht zu erkennen, dass sich hier gerne Leute versammeln, um gemeinsam ihre Freizeit zu genießen. Dieser kleine Steinbruch liegt geschützt durch eine mächtige Felswand in einer deutlichen Ruhezone, vom störenden Verkehrslärm der Helenentalstraße ist so gut wie nichts mehr zu hören. Der Siegenfelder Steinbruch gehört neben den Wänden des Urtelsteins, des Jammerwandls oder der Helenentaler Blöcke zu den beliebtesten Kletter-Übungsplätzen im Badner Raum.

Von Sagen umwobener Ort im Helenental: der Urtelstein neben der Schwechat. Guido von List wollte in ihm „Urdas Stein“ erblicken, der den Zugang zur „Riesenburg unserer Altvorderen“ versperrte.

UNTERWEGS ZUM JUNGENDBRUNNEN BEI BADEN

Wir kehren zurück zum Forstweg und folgen weiter der gelben Markierung, begleitet vom sich neben dem Weg dahinschlängelnden Purbach. Das Bachbett liegt an mancher Stelle sehr tief und kann wegen der steilen Flanken vom Weg aus nur mit Mühe erreicht werden. Kurze Zeit später fließt der Purbach jedoch wieder sehr nahe der Forststraße. Wer am Wegesrand öfters anhält und die Augen schließt, hat hier die Chance, seine ganze Aufmerksamkeit den Fließgeräuschen des Baches widmen zu können. Lauschen Sie dem Wasser, das mit seiner unaufdringlichen Geräuschkulisse zum Meditieren auffordert! Bleiben Sie hier öfters stehen und vernehmen Sie die Stimmen des Waldes. Sie befinden sich bereits mitten im Meditationsgebiet nahe dem Badener Lindkogel, in einer Waldlandschaft, die zu den schönsten des Wienerwaldes zählt.

Wir folgen weiter der gelben Markierung und erreichen nach kurzer Zeit einen kleinen Platz, der durch die Bezeichnung „Jungendbrunnen“ unsere Neugier weckt. Eine ungewöhnliche Bezeichnung, die im ersten Moment einen Rechtschreibfehler vermuten lässt. Eine hier im September des Jahres 1935 von der Alpinen Gesellschaft D'Lindkogler angebrachte Tafel klärt jedoch sehr schnell auf:

Angeblich soll hier im Jahre 1624 ein Schwedenoberst namens „Adolph Jungend“ bei einem Gefecht durch eine Schlangenschlundkugel tödlich getroffen worden sein. Zum besseren Verständnis: Der „Schlangenschlund“ war eine altertümliche Geschützform. Was jedoch einen Schwedenoberst im Jahre 1624 in den Wienerwald geführt haben mag, weitab von den schwedischen Truppen, bleibt ein Rätsel. Und ein Oberst „Jungend“ ist historisch nicht nachweisbar – ist die Geschichte vielleicht nur erfunden?

Fest steht jedoch, dass die drei hier aufgestellten Sitzbänke zum Verweilen einladen – ein absolutes Muss! Wir nehmen hier Platz und lauschen dem Wind, der die Äste der Bäume rund um uns in harmonische Bewegung versetzt. Recht schnell merken wir, dass dieser kleine Platz vor dem Brunnen, begünstigt durch das Vorkommen von Wasser und seine besondere Lage, ein wundervoller, ja fast magischer Ort ist. Das einfallende Licht der Nachmittagssonne lässt die Baumkronen und die Sträucher rund um den Jungendbrunnen in prächtigen Farben erstrahlen. Es ist ein Stück Wienerwaldnatur, das zu jeder Jahreszeit seine Besucher willkommen heißt.

UNTERWEGS ZUM JUNGENDBRUNNEN BEI BADEN

Zur Stimmung, in der wir beim Jungendbrunnen sind, passt die alte Sage vom Riesen Bockerlfraß, der einst am Anninger sein Unwesen getrieben haben soll: Eines Tages brachte er ein schönes Mädchen, angeblich aus Gumpoldskirchen, in seine Gewalt und es kam, wie es kommen musste: Der Riese verliebte sich in die verführerische Maid und bat sie, doch seine Frau zu werden. Das listige Mädchen trug daraufhin einen großen Haufen Föhrenzapfen („Bockerl") zusammen und sagte zu dem liebeskranken Koloss: „Wenn du dir drei Tage hindurch kein einziges Bockerl wegnehmen lässt, will ich deine Frau werden."

Der Riese wachte mit Argusaugen über die Bockerl und vertrieb alle Menschen, die es wagten, auch nur in die Nähe der Föhrenzapfen zu kommen. Dem Mädchen aber gelang es, ein Eichkätzchen anzulocken, und das Tierchen knabberte nun, vom Riesen unbemerkt, ein Bockerl nach dem anderen an und trug diese fort. Der Riese musste sein Wort halten und das Mädchen freigeben. Seither streift er durch die Wälder, von den Menschen spöttisch „Bockerlfraß" genannt. Manchmal kann man in den Lüften das laute Klagen des Unglücklichen hören.

INFO

Wir nehmen von Baden kommend die Straße durchs Helenental nach Heiligenkreuz. Nach dem Urtelstein-Tunnel rechts Richtung Siegenfeld abbiegen. Wenige Meter nach dieser Abzweigung rechts halten, rechts führt eine Forststraße in den Wald zum Jungendbrunnen (gelbe Markierung).

Maria Gugging, der heilige Bezirk im Wienerwald

10. Mai 1925. Trotz trüben Wetters haben sich an einem „einsamen Punkte des Wienerwaldes" über 40.000 Menschen versammelt. Sie sind hierher gepilgert, um die Einweihung eines neuen „ergreifend schönen Heiligtums", wie die *Reichspost* am nächsten Tag berichtet, mitzuerleben. Auf der Straße von Klosterneuburg nach Gugging staut sich der Verkehr, bereits am Vormittag lagern Tausende Menschen im Wald, um die Feier am Nachmittag nicht zu versäumen. Altkanzler Prälat Dr. Ignaz Seipel persönlich führt den anderthalb Kilometer langen Zug an, der sich nach dem Gottesdienst in der Kirche von Maria Gugging zur Lourdesgrotte bewegt. In Pontifikalkleidern nimmt Seipel die Einweihung vor, in seiner Festpredigt erklärt er: „Nun haben wir hier in unserem schönen Wienerwald, in der nächsten Nähe unserer Großstadt Wien, auch ein solches Heiligtum vor uns, nachgebildet im Äußeren, in der Felsengrotte, in den Statuen der unbefleckt empfangenen Mutter Gottes und jetzt jenes frommen Landmädchens, das damals der himmlischen Erscheinung gewürdigt worden ist." Seipel lobt die Verdienste jenes Mannes, der in „der doppelten Liebe zur himmlischen Mutter" die Grotte geschaffen hat, um den Menschen „in der Stille des heimischen Waldes" die Möglichkeit zur Andacht zu geben: des Paters Caspar Hutter (1881–1957) von der „Missionsgesellschaft Königin der Apostel", der zugleich auch Rektor der Portiunkularkirche in Maria Gugging ist.

Die Idee zu einer Lourdesgrotte im Wienerwald hat Pater Hutter 1923, als er mit seinem Brevier in der Hand einen Steinbruch durchwandert und hier an die Felsen von Lourdes erinnert wird. Es gelingt ihm, mit dem Hernalser Kaufmann Franz Völker (1868–1948) einen „materiellen Förderer" zu finden; Sprengungen werden vorgenommen und in der Werkstätte des Dombaumeisters Stadler die Statuen der Muttergottes und der Bernadette Soubirous aus Laaser Marmor in Auftrag gegeben.

Seipel verabsäumt es auch nicht, den Bogen zum Erlebnis der Natur zu spannen: „Der rechte Christ, mit einem lebendigen Glauben im Herzen, wird beim Anblick der Natur und ihrer Schönheit an den noch schöneren Himmel erinnert und an Gott gemahnt, der uns den Abglanz der ewigen Schönheit hier unter uns auf Erden gegeben hat."

Maria Gugging ist auch heute noch ein Wallfahrtsort von großer Anziehungskraft. Hier, in einem „heiligen Bezirk" des Wienerwaldes, sind Ruhe und Besinnlichkeit oberstes Gebot. Das Rauchen oder das Verzehren von mitgebrachten Jausen oder gar von Speiseeis ist hier nicht gestattet. Dementsprechend sind auch das Telefonieren mit dem Handy, das Mitführen von Hunden und das Tragen von Sportbekleidung nicht erlaubt!

Man hat hier vor der Grotte bereits die Sitzbänke aufgestellt. Viele Menschen werden erwartet. Je schlechter die Zeiten, so scheint es, umso größer der Andrang der hilfesuchenden Menschen.

MARIA GUGGING, DER HEILIGE BEZIRK IM WIENERWALD

In der Grotte, hinter dem Altar, befindet sich ein Bereich, in dem ein Dank- und Fürbittenbuch aufliegt. Die Menschen haben hier die Möglichkeit, sich auch schriftlich für ihre erhaltene Hilfe zu bedanken. Sie schreiben jedoch in dieses Buch auch ihre aktuellen Wünsche nieder, in der Hoffnung, dass sie baldigst erfüllt werden. Es wird um die Erhaltung der Gesundheit der Eltern gebeten. Hier bedankt man sich für die schönen, gerade verlebten Lebensjahre und bittet um Schutz für seine Kinder oder seinen Lebenspartner. Ebenso erbittet man auch die Hilfe der Heiligen zur bevorstehenden Maturaprüfung.

Der hier betende Besucher, Wanderer oder gar Pilger kann seine Glücksbringer- oder Souvenirsammlung in jeder Preiskategorie erweitern. Vom kleinen Heiligen-Medaillon bis zum Keramikengel ist hier alles zu bekommen. Kerzen, ja Kerzen in unterschiedlichsten Längen. Sie kosten 0,60, 0,80, 1,00 oder 1,50 Euro. Jedes noch so kleines Budget wird hier angesprochen. Auch wenn die Mittagssonne das Wachs der Kerzen selbst ohne eine Flamme zum Schmelzen bringt, werden die Menschen nicht müde, sie zu kaufen und in die dafür vorgesehenen, mit Metall ausgelegten Bereiche auf einen eisernen Spieß zu stecken. Die heiße Mittagssonne weicht das Kerzenwachs nach und nach auf und die Kerzen beginnen sich zu verbiegen, bis sie völlig aus dem Haltedorn fallen.

Eine der Besonderheiten dieser „Lourdesgrotte" ist das hier zu Tage tretende Wasser. Ja man kommt hier mit dem Auto bis zum Parkplatz, um dann mit den Tragetaschen die leeren Wasserflaschen zur Quelle zu tragen. Hier holen sich die Menschen das „Gute Wasser". Auf die Frage, warum man sich gerade hier an der Quelle das Trinkwasser holt, erhält man eine prompte Antwort: Das Wasser habe eine heilende Wirkung. Es sei eine levitante Quelle, so wird uns erklärt – altes, „reifes", ja „belebtes" Wasser. Es sei nicht so kalkhaltig wie das Hochquellenwasser, das man in Wien aus der Wasserleitung erhalte. Eine Dame erklärt uns auf unsere Frage, dass das Wasser sehr gut sei, sehr sauber und sehr weich. Und im Übrigen sei dies eine besondere Quelle, weil sie hier bei der Grotte entspringe, wie sie uns mit heftigem Kopfnicken versichert.

INFO

Die Lourdesgrotte liegt an der Klosterneuburger Straße B 14, ca. 1,5 km westlich von der Pfarr- und Wallfahrtskirche Maria Gugging.

In der heißen Mittagssonne zerfließt das Wachs so mancher Opferkerze noch schneller als sonst.

Der heilige Brunnen von St. Corona am Schöpfl

Wer in alter Zeit zur Kirche der heiligen Corona am Fuße des Hochschöpfls pilgerte, kam mit einer besonderen Bitte an die „Schatzmeisterin und Helferin aller Armen und Notleidenden". Dieses höchst profane Anliegen wurde der verehrten „Schätzespenderin" vom Pilger auch ohne Umschweife kundgetan: „Ich bitte dich", so betete man, „gib und verleihe mir ... eine solche Goldmünze oder zeitliches Gut, so nicht wider meinem Seelenheil zur Notdurft meines Leibs und zum Heil meiner Seelen".

Die heilige Corona, deren Namensfest am 14. Mai begangen wird, soll im Jahre 177 nach Christus in Ägypten oder auch Syrien ein schreckliches Martyrium erlitten haben: Das damals 16-jährige Mädchen, das es standhaft ablehnte, seinem Glauben abzuschwören, soll zwischen zwei Palmen, deren Wipfel man niederbog und an die man seine Hände bzw. Füße band, zerrissen worden sein. Ihr grausamer Tod zwischen zwei Bäumen bewirkte, dass sie zur Patronin der Holzfäller und Waldarbeiter wurde, ihr Name „Corona" ließ sie durch den Gleichklang mit „Krone" zur Schutzheiligen in Geldangelegenheiten aufsteigen, vor allem auch zur Helferin diverser Schatzgräber: Mit dem sogenannten „Corona-Gebet", auch „Kronengebet" genannt, glaubte man über einen magischen Code zum Auffinden von Schätzen zu verfügen.

Wienerwald-Mythomane Guido von List hatte seine eigene Sicht auf diese Marter der heiligen Corona: Er sah dahinter einen „wuotanistischen Mythos" verborgen: „Das Zerreißen in den Lüften ist das Zerreißen der Gewitterwolke durch den Blitz und der Segen, den die Gewitterwolke spendet, ist eben der Regen, der das in der Erde schlummernde Saatkorn im Frühlinge keimen lässt. Die Schätzespenderin Corona ist somit sehr einfach als die holde Frühlingsgöttin erkannt, und da sie die dreifache Königin genannt wird, so trat sie an die Stelle der weiblichen Drei, nämlich der Dreiheit: Freya, Frouwa, Helia." Mit dieser Deutung als „Sonderverwesentlichung der weiblichen Drei" glaubte List die seltsame Geld-Heilige in Beziehung zum Wasser und zum „heiligen Brunnen" von St. Corona setzen zu können. Der Kult um die Märtyrerin habe die eigentliche Bedeutung dieses uralten Brunnenheiligtums als „Sinnbild der Ewigkeit wie der Wiedergeburt" nur übertüncht.

Fest steht, dass die Verehrung des „heiligen und heilsamen Bründls" weit in längst versunkene Zeiten zurückreicht. 1444 wird die Errichtung einer kleinen, der heiligen Corona geweihten Holzkirche urkundlich erwähnt; sie wird zum sakralen Zentrum einer kleinen Holzfällersiedlung, betreut von den Mönchen aus Klein-Mariazell. Bereits 1529, im Verlauf der Ersten Türkenbelagerung, wird die Holzkirche niedergebrannt; 1683, als die Türken das Gebiet um den Schöpfl neuerlich heimsuchten, habe sich dann beim heiligen Brunnen ein Wunder ereignet: Der Priester des Ortes, so erzählt die Legende, habe beim Eindringen der Türken in den Ort noch rasch die Monstranz in den Brunnen geworfen; als sich die Rosse der türkischen Reiter dem Brunnen

Der heilige Brunnen von St. Corona am Schöpfl auf einer Ansichtskarte aus der Zeit des Ersten Weltkrieges.

näherten, seien sie plötzlich wie von Zauberhand „auf die Knie" gesunken. Etwa 60 Jahre später habe man die Monstranz wieder aus dem Brunnen gezogen, die Hostie sei auf wundersame Weise erhalten gewesen.

An diese Legende erinnert heute noch der eiserne Aufbau über dem Brunnen, ein Baldachin auf sechs eisernen Säulen, gekrönt von einer Monstranz mit der Heiligen Dreifaltigkeit. Ursprünglich befanden sich hier noch zwei Holztafeln, auf denen diese Legende in Bildern dargestellt worden war. Und dann gibt es da auch noch Gerüchte, die sagen, dass die Monstranz aus der Barockzeit sich noch immer im Brunnen befinden soll – eine Herausforderung für Schatzsucher!

Kein Zweifel besteht jedenfalls daran, dass das Wasser des heiligen Brunnens, der sich mitten im Ort befindet, sehr bekömmlich ist und gerne getrunken wird. Gut möglich auch, dass die kultische Verehrung dieses Bründls bereits tief in vorchristlicher Zeit begann – gutes Trinkwasser war ein Schatz, der umsorgt und gehütet wurde.

Wir wollen Näheres über diesen magischen Ort wissen, der seit uralten Zeiten eine so große Anziehungskraft besitzt, und machen die Bekanntschaft von Herrn Rudolf Huber. Er ist 1943 geboren und führt ein kleines Geschäft direkt neben dem heiligen Brunnen, in das vor allem die Einheimischen einkaufen kommen. Während laut die Kirchenglocken läuten, winkt er uns zu sich in sein Haus und beginnt, nachdem wir Platz genommen haben, zu erzählen:

Das Material, aus dem diese Kirchenglocke von St. Corona am Schöpfl gegossen wurde, bestehe aus Material von den eingeschmolzenen Kanonen der Türken. Kaiser Karl VI. habe dieses in Pressburg angekauft. Hergestellt worden sei die Glocke von der bekannten Wiener Glockengießerfirma des Johann Achamer, die 1710 von Joseph I. den Auftrag für den Guss der großen Glocke im Stephansdom, der ersten Pummerin, erhalten habe. Als im Zweiten Weltkrieg der Rohstoffmangel immer größer geworden sei und man begonnen habe, die Kirchenglocken einzusammeln, um daraus Waffen herzustellen, habe man sie sonderbarerweise verschont. „Der Hitler", so berichtet Herr Huber, habe diese Glocke in unserer Kirche hängen lassen. Im nahe gelegenen Kaumberg seien alle Glocken der Kirche eingezogen worden, hier in St. Corona nicht.

Das Dorf, so meint Herr Huber, sei ein sehr ruhiger und beschaulicher Fleck Erde. Nach dem Krieg hätten hier viele Wiener diese Ruhe gesucht. Die Einheimischen hätten daher im Sommer ihre Zimmer an Urlauber vermietet und selbst auf dem Dachboden geschlafen. Unmittelbar zu Kriegsende 1945 sei die Situation hier in dieser abgeschiedenen Gegend jedoch alles andere als schön gewesen. Er erzählt: „Mein Großvater Josef Kerschner war nach dem Krieg schon an die 60 Jahre alt und musste die vielen Toten der letzten Kämpfe eingraben. Die Hauptkampflinie ging damals mitten durch den Ort. SS gegen Russen. Hier sah es überall fürchterlich aus. Ein toter Russe lag in der Auslagenscheibe des kleinen Geschäfts. Die alten Männer des Volkssturmes mussten die Leichen zusammentragen und begraben. Zum Andenken an diese schrecklichen Tage, in denen noch viele Soldaten ihr Leben lassen mussten, wurde hier bei einer Wiese ein großes Kreuz errichtet, das einen Eintrag ins Buch der Rekorde bekommen hat: Es handelt sich hierbei um das größte aus Holz gefertigte Kreuz, das ohne Stütze steht. Alle Bewohner des Ortes haben sich zusammengefunden, um die Kirche im Ort wiederherzustellen und zu restaurieren. Das geschah noch zu einer Zeit, in der ein engagierter Pfarrer im Ort war. Der hat sich für die Kirche und die Bewohner des Ortes wirklich eingesetzt! Mit vereinten Kräften wurde die Kirche in den wundervollen Zustand gebracht, in dem sie heute noch vor uns steht."

Herr Huber weiß auch einige interessante Details über den heiligen Brunnen zu berichten:

„Der Brunnen ist eigentlich nur fünf Meter tief. Er wird von zwei Zuläufen gespeist. Um 1700 hat man diesen heiligen Brunnen erneuert. Am Brunnengrund hat man zunächst ein Sechseck aus gekantetem Ulmenholz errichtet. Auf diese Hölzer hat man dann in einer bestimmten Reihenfolge verschiedene Steine aufgelegt." Rudolf Huber meint, dass die Erneuerer des Brunnes schon damals nach esoterischen Gesichtspunkten gearbeitet hätten. Als man nach dem Krieg wieder einmal darangegangen sein, den Brunnen zu reinigen, sei er selbst in den Brunnen hinuntergestiegen, um an den Wänden nach dem Rechten zu sehen. Die Fugen zwischen den Steinen seien mittlerweile versandet gewesen und er habe diese mit der Hand gereinigt. Das angesammelte Material habe man aus dem Brunnen gehievt und an der Oberfläche noch einmal durch ein Sieb laufen lassen. Und siehe da: Es seien einige Funde aufgetaucht, so zwei Münzen Leopolds I. aus dem Jahre 1680 und ein wunderschöner Knopf mit eingesetztem Keramikteil, der vermutlich von einer Uniform stammte. All diese Objekte und Votivgaben, darunter auch Krücken, würden sich heute im Volksaltar der Kirche befinden, und zwar in einem verglasten Hohlraum des Altarsockels.

„Die heutige Haube des Brunnens", erzählt Herr Huber weiter, „stammt aus dem Jahre 1877. Am 9. September dieses Jahres wurde die Kapelle über dem heiligen Brunnen geweiht. Mein Urgroßvater Johann Huber, der regelmäßig Heu und Holz nach Wien lieferte, hat diese Kapelle mit seinem Ochsengespann von Wien herausgeführt. Zwei Säulen machten genau eine Fuhre aus, die jeweils drei Tage dauerte. Bezahlt wurde der Transport von der Gemeinde St. Corona. Die beiden Figuren auf dem Brunnen stammen aus dem ersten Bezirk und standen früher in einer Nische in der Bäckerstraße. Sie wurden einfach gekauft. Der Brunnen ist ein Dreifaltigkeitsbrunnen und hat mit der heiligen Corona nichts zu tun. Die Menschen schwören auf die Wirkung dieses Brunnens, angeblich liegt er auf einer Kreuzung von zwölf Planetenlinien und soll gleich viele Bovis-Einheiten wie Lourdes aufweisen. Und das ist ganz etwas Seltenes!"

Wir glauben ihm gerne, auch ohne mit einem Bovismeter-Biometer nachgemessen zu haben – der uralte heilige Brunnen von St. Corona ist bestimmt ein Ort voller Lebensenergie, wie immer man ihn auch erklären mag. Den angeblichen Einfluss kosmischer Kräfte oder von Ley-Linien wollen wir dahingestellt lassen. Wichtig ist, dass man sich auf diesen speziellen Punkt der Wienerwaldlandschaft mit offenem Herzen einlässt und bereit ist, etwas von seinem Zauber zu spüren. Dazu aber noch ein kleiner Hinweis: Wer sich ein bisschen umschaut, wird ganz nahe der Kirche eine kleine Grotte mit einer Madonnenstatue entdecken – ein stimmungsvoller, für die Volksfrömmigkeit der Region wunderbar typischer Ort, der zum Verweilen und Nachdenken einlädt.

Die ehemalige Hauptwehr bei Klausen-Leopoldsdorf

Wer mit dem Auto auf der L110 von Klausen-Leopoldsdorf auf dem Weg nach Alland ist, fährt unter der A21, der Wiener Außenringautobahn, durch und kommt in das Gebiet des Schwechatbaches – ein Bereich des Wienerwaldes, der durch seine idyllische Landschaft beeindruckt: Weite Hänge und weitläufige Wiesen, auf denen sich Schafe am saftigen Grün gütlich tun. Genau hier fließt parallel zur A23 die Schwechat. Der talabwärts bei Baden zu einem Fluss anschwellende Bach ist hier noch ein relativ kleines Gerinne, das in der Regel eine geringe Schüttung aufweist. Noch vor 70 Jahren, so erzählen uns die Einheimischen von Alland, war die Schwechat ein Paradies für jeden Fischer. Der Fischreichtum war angeblich so enorm, dass man keine Angel brauchte. In den kleinen Nebenbereichen des Bachlaufes befanden sich im glasklaren Wasser so viele Fische, dass man kaum die Kieselsteine auf dem Grund des Baches sehen konnte – es bedurfte nur etwas Geschick, um mit bloßen Händen einen Fisch zu fangen.

Genau hier auf dem Weg nach Alland lohnt es sich, das Fahrzeug abzustellen und den Schwechatbach aufzusuchen. Ein schmaler Pfad führt zwischen zwei Feldern zu dem etwas tiefer liegenden Bachbett und zur Hauptklause der im Jahre 1667 begründeten barocken Holztriftanlage, auf der 1939 – nach anderen Angaben 1942 – zum letzten Mal geschwemmt wurde. Die gesamte Holztrift bestand einst aus 14 Klausen im Einzugsgebiet der Schwechat, einige von ihnen wie die Lengbachklause, die Schöpflklause und die Riesenbachklause sind ebenfalls noch erhalten – Letztere wurde 2008 revitalisiert und als Hochwasserrückhaltebecken ausgebaut. Das mag als übertriebene Vorsichtsmaßnahme erscheinen, deutet doch nichts darauf hin, dass dieser kleine Fluss und seine Nebenbäche eine gewaltige Bedrohung für den etwas tiefer gelegenen Ort Alland darstellen könnte. Die Realität sieht aber anders aus: So kam es etwa in der Nacht vom 15. auf den 16. Mai 2014 durch lang anhaltende Regenfälle zu einer prekären Situation! Der Schwechatbach schwoll in kürzester Zeit enorm an und drohte über die Ufer zu treten. Durch den Einsatz der Feuerwehr und des Hochwasserschutzes konnte eine Katastrophe verhindert werden.

Im gesamten Zeitraum ihres Bestehens wurden auf dieser Triftanlage etwa 8,5 Millionen Raumfestmeter Holz geschwemmt. 1756, so erzählt uns eine große Infotafel, ersetzte man die alte hölzerne Klause durch diesen massiven Steinbau; an die 82.000 m³ Wasser konnten im Becken dieser Hauptklause „gespannt" werden, wie der Fachausdruck für das Auffüllen lautete. Das Triften der Holzscheiter verlangte erfahrene Holzarbeiter, mit ihrem Arbeitsgerät, dem „Grießbeil", einer Art Feuerhaken, achteten sie darauf, dass sich in den Biegungen eines Bachbetts das Holz nicht zu hoch aufstaute und die Trift so zum Scheitern brachte. An der Hauptklause warteten inzwischen schon die „Klausknechte", auch „Stiefler" genannt, weil sie wasserdichte Hosen aus Kuhleder mit angesetzten Stiefeln trugen. Hatte sich vor der Hauptklause das Holz angesammelt, folgte ein gewaltiges Schauspiel,

Holztrift im Wienerwald: das Schwemmholz bei der Hauptwehr in Klausen-Leopoldsdorf. Foto aus der „Heimatkunde des Bezirkes Baden", 1928.

Die „Klausknechte“ bei ihrer Arbeit: Holzschwemmen im Wienerwald. Holzstich von U. Heilmann, um 1880.

das Schlagen der Hauptklause: „Unter ungeheurem Drucke schießt der mächtige, weiße Wasserschwall durch das Tor, sich wild aufbäumend, zischend und schäumend. Sein Lärm ist weithin vernehmbar", beschreibt Franz Lehner-Wohlfarth in der *Heimatkunde des Bezirkes Baden* die Szene. Die gesamte Trift wurde von der Triftleitung in Klausen-Leopoldsdorf auf die Minute genau geplant, etwa im Stundentakt wurden die Klausen an den Bächen, zu denen man die Holzscheiter mit einem Ochsenwagen oder Schlitten gebracht hatte, geschlagen. Das Holz selbst, hauptsächlich waren es Buchenholzscheiter, wurde beim Hauptrechen in Baden „angeländet" und von „Schlichtern" mit Schubkarren zur „Legestätte" gebracht.

Früher einmal lebten die Menschen zum großen Teil von der Beschaffung des Holzes. Die Arbeit im Wald und an der Trift war für die Männer eine der wenigen Möglichkeiten, die sich anboten, um zu Geld zu kommen. Der Name „Klausen-Leopoldsdorf" erzählt dazu eine ganze Geschichte: Für die Klausen, die Kaiser Leopold I. an den Bächen der Gegend anlegen ließ, wurden Leute aus Oberösterreich, Steiermark, Salzburg und Tirol an die Schwechat geholt und in einem Dorf unter der Hauptklause angesiedelt. Im Jahre 1682 bestand die aufblühende Siedlung schon aus 32 Häusern, zu dieser Zeit ereigneten sich jedoch zwei Katastrophen: Wer nicht 1679 an der Pest starb, wurde im Sommer 1683 auf der „Schlachtwiese" (siehe dort) von den Türken ermordet. Das verödete Klausen-Leopoldsdorf musste nach und nach mit Ankömmlingen aus dem Westen neu besiedelt werden.

Die große Hauptklause der alten Triftanlage in der Schwechat ist heute ein sehr besinnlicher Ort. Zwei Informationstafeln informieren über das historische Bauwerk. Hier, fernab von Hektik und Trubel des Alltags, kann man noch so richtig Kind sein und zwischen den großen, vom Wasser blank geschliffenen Steinen im Wasser waten. Einst erfüllt vom Donnern und Rollen der Trift, eignet sich der Platz hervorragend zur Meditation und zur inneren Einkehr. Es lohnt sich, für eine Stunde oder zwei innezuhalten und seine Magie zu genießen. Das Flussbett der Schwechat erinnert uns an so manche Ferientage unserer Kindheit, in denen ein Bachlauf mit täglich neuen Wundern auf uns wartete und bis zum Hereinbrechen der Dunkelheit als unbeschwerter Abenteuerspielplatz diente.

INFO

Wir fahren von Klausen-Leopoldsdorf die L110 Richtung Alland unter der A 21 durch und erblicken kurz danach rechts die Hauptklause.

Eintauchen in VERFALLENE BURGEN

- DIE LIST DES HERZOGS: BURG KAMMERSTEIN
- EIN GOTTESHAUS ALS FESTUNG: DIE RUINE AUF DEM PANKRAZIBERG
- ROMANTISCHE RITTERBURG: RUINE JOHANNSTEIN IM NATURPARK SPARBACH
- DIE ARABURG IN KAUMBERG

WALDSPAZIERGANG

Eintauchen in verfallene Burgen

Ein Lost Place der Ritterzeit

Spaziergang zur Burg Johannstein

Einst waren sie der Schutz und Schirm am Ostrand des Wienerwalds: die Burgen der großen Adelsfamilien und Grundherren. Errichtet auf kaum zugänglichen Felsformationen, waren sie Wahrzeichen und Kristallisationspunkte von Macht und Herrschaft. Jahrhundertelang prägten sie die Landschaft, waren Schauplatz prächtiger Feste und blutiger Dramen. Heute sind sie Ruinen, *Lost Places* einer fernen Zeit. Wir besuchen sie gerne, denn noch immer ist ein magischer Abglanz dieser Vergangenheit in ihnen gegenwärtig. Manche dieser Wienerwald-Wehrbauten wie die **Burg Schnepfenstein** – letzte Mauerreste befinden sich in der Nähe des Eingangs zum Naturpark Sparbach – sind schon fast völlig verschwunden. Mit ihnen verschwindet aber auch die Erinnerung an ein faszinierendes Kapitel unserer Geschichte. Alle Anstrengungen, die unternommen werden, um dieses großartige Erbe zu bewahren, sind daher unbedingt zu begrüßen.

Der Weg zur **Ruine Johannstein** im Naturpark Sparbach ist nicht zu verfehlen.

Wildnis wurde zur Schönheit und Rauheit zur Anmut: das Tal von Sparbach mit Burg Johannstein.

Vorbei am Naturparkhaus spazieren wir zum **Lenauteich,** benannt nach dem Dichter Nikolaus Lenau. Ob Lenau jemals hier in Sparbach zu Gast war, wissen wir nicht, der Name passt aber ausgezeichnet – Lenau war ein zutiefst naturbegeisterter Mensch. Die eigentliche Attraktion des kleinen Sees mit seinem grün und blau schimmernden Wasser sind die Fische, die sich hier im Wasser tummeln – wahre Prachtexemplare! Wir gehen weiter und passieren das Eldorado der Kinder, den **Abenteuerspielplatz.** Wer mit Kindern unterwegs ist, muss hier natürlich unbedingt länger Halt machen, zahlreiche Stationen laden den Nachwuchs dazu ein, sein Können und ein bisschen auch seinen Mut zu zeigen. Gleich daneben befindet sich ein Grillplatz, bestens ausgestattet wartet er auf Gäste, die sich hier unbeschwert diesem archaischen kulinarischen Vergnügen zwischen Feuer und Rauch hingeben können.

Wir schlendern dann weiter in Richtung Ruine, die nun schon gut sichtbar von einem Felssporn über das Tal ragt. Eine Fahne in Gold und Rot, den Farben des Fürstenhauses Liechtenstein, flattert über der Burg. Entlang des Weges, dem wir uns rechts haltend zur Burg folgen, ziehen immer wieder großartige Baumriesen unseren Blick auf sich. Nach einer scharfen Linkskurve erblicken wir schließlich das Mauerwerk der Feste. Wir halten bei der 1961 von der Raimundgesellschaft hier angebrachten Gedenktafel für den Dichter kurz inne und betreten dann über die Zugbrücke die Burg, gleich daneben ragen die Reste des Bergfrieds empor. Mächtiges spätmittelalterliches Mauerwerk empfängt uns, da und dort aber versucht die Natur, ihr angestammtes Reich wieder zurückzuerobern: Auf einem Mauerband wächst eine kleine Schwarzföhre, in manchen Mauerritzen sprießt vorwitziges Grün. Wir versuchen uns vorzustellen, wie einst hier oben die Lebensbedingungen des Burgherren und seiner Familie waren. Wie auf den Burgen üblich, gab es hier auch eine Kapelle und wohl auch einen Burgkaplan, man musste also am Sonntag nicht in die Kirche von Sparbach fahren. Von einem der Fenster des ehemaligen Wohntrakts, der ehemals vier Geschosse umfasste, bietet sich ein großartiger Ausblick auf das kleine Tal zu Füßen – ja, hier konnte man sich als Herr über das Land fühlen.

Die Schicksalsstunde von Burg Johannstein schlug in den letzten Septembertagen des Jahres 1529. Während sich die Hauptmacht Sultan Süleymans des Prächtigen zum Sturm auf die Mauern von Wien vorbereitete, verheerten seine Streifscharen, die berüchtigten Akindschi, auf der Suche nach Beute und Sklaven das Umland. Einer dieser im Wienerwald plündernden Trupps gelangte auch nach Sparbach und eroberte die Burg, von den Bewohnern überlebte wohl niemand. Nach dem Schrecken dieses Jahres verödete die Feste, Fürst Johann I. von Liechtenstein ist es zu danken, dass dem Verfall zu Beginn des 19. Jahrhunderts eine Ende gesetzt wurde.

Charakteristik:
Erholsame, leichte Wanderung ohne besondere Anforderungen

Gesamtgehzeit:
Etwa 1,5 Stunden

5

Romantische RITTERBURGEN

Sie kündeten einst von Macht und Herrschaft und sie waren neben den Klöstern der Mittelpunkt des geistigen Lebens: die Burgen. Auch wenn ihre Strahlkraft längst versunken ist, so prägen manche noch immer das Landschaftsbild, andere sind fast oder völlig vom Wald verschluckt worden. Noch immer aber üben sie auf den Wanderer eine eigenartige Faszination aus. Die Ruinen der alten Wehrbauten und Adelssitze sind Kristallisationspunkte der Vergangenheit, sie erzählen uns von blutigen Fehden, von Kampf gegen Raubritter und Invasoren aus dem Osten, sie bewahren die Erinnerung an eine Gesellschaftsordnung, in der freie Ritter über das Schicksal des Landes bestimmten, in der die einen Herren und die anderen Knechte waren, in der sich Macht und Ohnmacht unmittelbar in der Architektur widerspiegelten: stolze Festen auf den Höhen, bescheidene Hütten und Bauernhöfe in den Tälern.

Es ist ein letzter schwacher Abglanz, den die Burgruinen des Wienerwaldes von der tatsächlichen Bedeutung dieser „festen Häuser" vermitteln. Ihre Zahl war wesentlich größer, als die heute existierenden Trümmerstätten vermuten lassen, vieles ist spurlos verschwunden. Wohl schon im 14. Jahrhundert wird die Burg Schnepfenstein am Rande von Sparbach, 1254 als *Snephenstain* erwähnt, zur Ruine, nur mehr ein sogenannter „Burgstall" lässt auf ihre Existenz schließen. Nur mehr bescheidene Mauerreste, versteckt im Wald auf einem Ausläufer des Lindkogels, erinnern an die Burg Scharfeneck im Helenental, die einst zusammen mit Rauheneck und Rauhenstein ein „Burgendreieck" zum Schutz der Straßenverbindung von Baden nach Heiligenkreuz und weiter ins Triestingtal war. Alle drei Burgen werden in den Türkenkriegen von 1529 und 1532 zerstört.

Die List des Herzogs: Burg Kammerstein

Nur eine Trümmerstätte blieb von der einst stolzen Feste: Kammerstein, die älteste Burgruine des Wienerwaldes.

Der steile Anstieg durch den Wald hat es in sich, doch dann taucht zwischen den Bäumen endlich altes Gemäuer vor uns auf: Kammerstein, die älteste Ruine des Wienerwaldes, gelegen bei Perchtoldsdorf auf einem Ausläufer der Föhrenberge hoch über dem Kaltenleutgebener Tal. Klein soll die Burg gewesen sein, doch das gewaltige Mauerwerk spricht eine andere Sprache: Hier erhob sich einst eine stolze Feste, die keinen Angreifer zu fürchten brauchte. Dennoch ging sie vermutlich schon in den blutigen Auseinandersetzungen, die den Beginn der habsburgischen Herrschaft im Wiener Raum begleiteten, zugrunde – ihre Zerstörung fällt in das Jahr 1295, wohl nur vier Jahrzehnte nach ihrer Erbauung durch Otto von Perchtoldsdorf. Wie der Geschichtsschreiber und Gelehrte Thomas Ebendorfer (1388–1464), genannt Thomas von Haselbach, Pfarrer von Perchtoldsdorf, in seiner *Chronica Austriae* zu berichten weiß, habe sich damals der letzte Besitzer des *castrum Chemerstain,* Otto III. von Perchtoldsdorf, zusammen mit anderen österreichischen Adeligen gegen Herzog Albrecht I. von Habsburg erhoben, da man dessen Verwaltungsreformen nicht akzeptieren wollte. Die Burg sei daraufhin von den Mannen des Herzogs belagert, erobert und völlig zerstört worden.

Kammerstein galt als uneinnehmbar und nur einer heimtückischen List soll es der Sage nach Albrecht I. verdankt haben, dass die Feste dennoch in seine Hände fiel: Er schickte einen Herold in die Burg, der dem Burgherrn vortäuschte, dass der Herzog die Fehde beenden wolle und ihn und sein Gefolge für den nächsten Tag zu einer „Versöhnungsfeier" in die herzogliche Burg in Wien einlade. Otto, der in Friedenszeiten dem Herzog als Kämmerer gedient hatte, schöpfte keinen Argwohn und ritt am folgenden Morgen mit seinen Knechten nach Wien. Während sie in der Wiener Burg bei einem festlichen Mahl saßen und fleißig dem Alkohol zusprachen, sandte Albrecht einen Trupp seiner Leute, verkleidet in der Tracht der Perchtoldsdorfer, nach Kammerstein. Da der Torwart sie in der hereinbrechenden Dämmerung tatsächlich für die Gefolgsmänner Ottos hielt, öffnete er ihnen vertrauensselig das Tor – das Schicksal der Burg war damit besiegelt: Die zahlenmäßig unterlegene Besatzung war rasch überwältigt, dann gingen die Männer des Habsburgers daran, die Burg in Brand zu setzen.

Der Schein der hoch auflodernden Flammen war angeblich bis nach Wien zu sehen. Als der Herzog ihn vom Fenster erblickte, zog er Otto zur Seite und eröffnete dem völlig überraschten Ritter, dass der Feuerschein über den Waldbergen des Südens von seiner brennenden Burg stamme, dann ließ er ihn fesseln und in den Kerker werfen, wo er auch zugrunde gegangen sein soll. Angeblich atmete die Bevölkerung in der Umgebung der Burg daraufhin auf – in der Sage, die sich in den Dienst des Siegers stellte, erscheint Otto III. als gewissenloser Raubritter, der die Bevölkerung drangsaliert habe.

Spätere Nachrichten nähren Zweifel an der Geschichte vom frühen Untergang – so sollen 1437 drei Brüder von Aspach mit der Feste *Cammerstein* belehnt worden sein;

DIE LIST DES HERZOGS: BURG KAMMERSTEIN

Aus Bruchsteinen erbaute Mauerreste erzählen von der beachtlichen ehemaligen Größe der Burg Kammerstein.

Ende des 15. Jahrhunderts ist in den Quellen von einer Verpfändung der Burg an die Grafen von Pösing die Rede. Bleibt die Frage, ob sie damals schon eine Ruine war.

Wie dem auch sei: Von der Feste der Perchtoldsdorfer sind heute nur mehr einige mächtige, aus Bruchsteinen erbaute Mauern zu sehen. Versteckt im Wald, erzählen sie von der beachtlichen ehemaligen Größe der Burg: Vier Stockwerke hoch ragte einst der Bergfried in den Himmel, die zwei Meter starke Seitenmauer des Palas ist heute noch 27 Meter lang. Eine Besonderheit von Kammerstein war die 500 Meter lange Wasserleitung, die von der Kammersteinquelle bis zur Burg führte – damit sicherte man die Versorgung der Burgbesatzung mit frischem Wasser. Mit dem kostbaren Nass wurde vermutlich der tiefe Brunnen gespeist, den man auf dem Gelände der Feste in den Fels gehauen hatte. Vom Brunnenschacht, so die Sage, soll eine Tür den Zutritt zu einem unterirdischen Gang ermöglicht haben, der bis in den Brunnen im Perchtoldsdorfer Turm geführt habe, noch im Türkenkrieg sollen sich in diesem Gang Leute verborgen und so ihr Leben gerettet haben. Der Brunnen ist inzwischen von der Gemeinde Perchtoldsdorf zugeschüttet worden, in der Sage lebt er jedoch weiter: Kostbare Schätze sollen in ihm verborgen gewesen sein und ein gespenstisches grünes „Brunnenmanderl" mit langen Nägeln und wirr herabhängenden Haaren soll sie einst bewacht haben. Wer es wagte, die Nacht auf der Ruine zu verbringen, konnte angeblich aus der Tiefe des Brunnens mitunter ein seltsames Wimmern vernehmen und geisterhafte Lichter um den Brunnen tanzen sehen. All die Schatzsucher, die beim Brunnen von Kammerstein so abenteuerlustig ihr Glück versuchten, blieben jedoch erfolglos, zu gut hütete das grüne Manderl sein großes Geheimnis.

Kammerstein bietet dem Wanderer keine spektakulären Eindrücke, dennoch lohnt sich die Mühe des schweißtreibenden Anstiegs: Die vergessenen Mauern sind ein beeindruckender *Lost Place* des Mittelalters.

INFO

Von Rodaun fährt man auf der Landstraße 127 nach Kaltenleutgeben bis zum Beginn des ehemaligen Fabriksgeländes Perlmooser. Nach links abbiegen, Bahn und Dürre Liesing überqueren, am Waldrand halten. Eine blaue Markierung weist von hier den Weg zur Ruine, die man auf steilem Waldweg in ca. 1 Stunde erreicht.

Ein Gotteshaus als Festung: die Ruine auf dem Pankraziberg

In unvorstellbar ferner Zeit, vor etwa 360 Millionen Jahren, soll es passiert sein: Ein zehn Tonnen schwerer Meteorit rast mit einer Geschwindigkeit von 72 Kilometern in der Sekunde auf die Erde zu, schlägt im Gebiet von Nöstach-Hafnerberg auf und bohrt sich tief in die Erde. Gewaltige Energie wird frei, Gestein schmilzt, ein Krater wird aufgeworfen, es entstehen die charakteristischen Hügel, die heute den Talkessel von Nöstach umgeben: Festenberg, Hafnerriegel, Tamberg, Buchberg, Pankraziberg, Kienberg, Hollerberg und Perwart. Der Krater füllt sich im Lauf der Jahrmillionen mit Sedimenten auf, gleichzeitig erodieren die Höhenrücken – es bildet sich die Landschaft, wie wir sie heute kennen.

Ja, er ist sehr spitz und ungewöhnlich gleichmäßig, der 602 m hohe Pankraziberg, der sich neben der Bundesstraße 11 erhebt, die von Nöstach nach Groisbach führt. Über diesen ungewöhnlichen Hügel sagen manche Leute, inspiriert von der Impakt-Theorie, dass er ein Vulkan sein soll. Die Spitze eines schon lange erloschenen oder vielleicht derzeit nur ruhenden Vulkans – dann könnte sogar ein Ausbruch bevorstehen. Hirngespinste natürlich, das ändert aber nichts daran, dass der Pankraziberg ein ungewöhnlicher Hügel ist – der aufmerksame Wanderer fühlt sich von ihm irgendwie angezogen.

Ein wundervoller, von Bäumen geschützter Weg führt uns in kurzer Zeit hinauf zum Gipfel des Pankraziberges. Hier stoßen wir auf altes Gemäuer, eine von Schwarzföhren bereits völlig umschlossene Ruine. Über das hier im Verborgenen verwitternde Steingewirr wurde bis heute sehr wenig berichtet. Warum eigentlich?

Der Burgenforscher Felix Halmer vertrat die Ansicht, dass hier einst die Schwarzenburg gestanden habe, die in einer Stiftungsurkunde Leopolds III. für das Kloster Klein-Mariazell aus dem Jahre 1136 erstmals erwähnt wird. Der Nöstacher Heimatforscher Alfred Bartak sieht dagegen als Standort der „urbs Schwarzenburg" eher den Festenberg (siehe unten). Fest steht jedenfalls, dass die Ruinen zur alten Wehrkirche „St. Pankraz" gehören, sie gab dem Hügel, der zuvor „Spielberg" *(Spillberg)* genannt worden war und auf dem einst schon ein römischer Wachtturm gestanden sein soll, ihren Namen. Erstmals erwähnt wird die Wehrkirche, die von einer Mauer mit Schießscharten, Zinnen und Bastionen umgeben war und in dieser „Wehrfunktion" eine ältere Vorgängerburg ablöste, um 1260; in einem Ablassbrief des Bischofs Christoph von Passau ist von einer „Capelle des Hl. Martyrs Pancraz auf dem Berge" die Rede. Im „Fluchtorteverzeichnis" von 1663 scheint der Platz als „St. Pankraz in der Kirchen" auf, hatte also noch Bedeutung als Wehrbau. Für die türkische Streifschar, die im Juli 1683 den Weg hinauf zur Kirche nimmt, stellt sie allerdings kein großes Hindernis dar: St. Pankraz wird von ihr erstürmt und zerstört; über das

Ein ungewöhnlich gleichmäßig geformter Hügel lässt wilde Spekulationen zu: der Pankraziberg.

Schicksal der Verteidiger ist nichts bekannt. Die Kirche existierte allerdings weiter, bis zu ihrer Aufhebung durch Joseph II. anno 1784 wurde hier noch, wie Alfred Bartak zu berichten weiß, jährlich dreimal Messe gelesen: zu Ostern, am 12. Mai, dem St. Pankraztag, und am vierten Sonntag im Oktober. Nach der Aufhebung der Kirche wurde die Altarstatue des heiligen Pankraz in die Wallfahrtskirche am Hafnerberg gebracht, das Kloster Klein-Mariazell verkaufte die Anlage um 35 Gulden (!) an einen Baumeister, der den nun langsam verfallenden Wehrbau als willkommene Materialbasis nutzte. Mitte des 19. Jahrhunderts wurde die Ruine vom Kunstmaler Leopold Melichar aus Altenmarkt erworben, der ihren völligen Verfall verhindern wollte, es fehlten jedoch letztlich die entsprechenden Mittel.

INFO

Wir parken in Dörfl und nehmen den markierten Weg Richtung „St. Pankrazi Ruine" (braune Tafel). Die Gehzeit beträgt etwa 15–20 Minuten.

Achtung: Das Betreten der Ruine erfolgt auf eigene Gefahr!

Gedenkraum für die ersten Mönche auf dem Pankraziberg.

ITEM·ECCLESIAM·IN·ALTENMARCHT·HABENT·FRATRES·DE·CELLA·SANCTE
LONSDORFER · CODEX
PASSAU UM 1200

Die Wallfahrtskirche Hafnerberg. Kolorierte Lithografie aus „Kirchliche Topographie von Österreich", 1824.

INFO

Die Mauerreste am Festenberg sind am besten im Zuge einer kleinen Wanderung zu erreichen, die wir in Hafnerberg beginnen. Von „Schöbinger's Gasthaus" folgen wir der rot-weiß-roten Markierung 0 4 (404) den Berg hinauf. Gehzeit bis zur Ruine etwa 30 bis 40 Minuten.

DIE VERSCHWUNDENE BURG AUF DEM FESTENBERG

Südlich von Hafnerberg erhebt sich der 594 m hohe Festenberg. An seinem Fuße treffen sich zwei uralte Verkehrswege: die Straße durch das Triestingtal und der Weg über den Hafnerberg. Es war wohl diese strategisch günstige Lage, die einen Gefolgsmann der babenbergischen Landesherren veranlasste, auf der Kuppe des Hügels eine Burg zu errichten. In einer Passauer Bischofsurkunde aus dem Jahre 1157 findet sich unter den Zeugen ein *Wichart de Vestenberhe* – ein erster Hinweis auf die Existenz eines „festen Hauses" am Festenberg. 1175 taucht dieser Wichart, ein Lehensmann von Heinrich II. Jasomirgott, noch einmal auf, diesmal in Zusammenhang mit der Schenkung eines Weingartens in Vösendorf an das Stift Admont, in dem seine Töchter Adelheid und Gertrud als Nonnen Aufnahme gefunden hatten. Die nächste Erwähnung stammt aus der Mitte des 14. Jahrhunderts: In einem Tauschakt eines gewissen Alber von Puchheim und eines Ulrich von Pergau ist die Rede von einem *Haus de Vestenburch,* dann allerdings hüllen sich die Quellen in Dunkelheit – irgendwann wird die Burg am Festenberg von ihrem Besitzer auf- und dem Verfall preisgegeben, die schweren Mauersteine der Ruine finden beim Bau der Wallfahrtskirche Hafnerberg zur Auffüllung der Fundamente Verwendung.

Mit der Entdeckung des Wienerwaldes als pittoresker Erlebniswelt wird für die Touristen aus der Großstadt auch der Festenberg interessant. Es wird eine erste steinerne Aussichtswarte errichtet, ein Stich von Janscha, datiert mit 1840, zeigt diesen Bau. Um 1900 lässt der Verschönerungsverein Altenmarkt die Warte neu erbauen, nach Luise Daport, der ehemaligen Besitzerin der Fabrik in Talhof, wird sie „Luisenwarte" benannt.

Ganz in Vergessenheit gerät die versunkene mittelalterliche Feste jedoch nicht: Das Areal der Burg wird in den 1920er-Jahren von dem Tierarzt Dr. Kurt Hart aus Thenneberg erworben. 1926 veranlasst Kurt Hart eine Grabung, es gelingt, eine der Grundmauern der Festenburg freizulegen; im gleichen Jahr errichtet der Zimmermeister Johann Rehwald auf dem Festenberg eine hölzerne Aussichtswarte, die am 24. November 1930 bei einem schweren Sturm zerstört und dann nochmals errichtet wird. Dr. Hart ist Jude und muss mit seiner Familie nach Schweden emigrieren; auf der Aussichtswarte montieren die Nazis ein riesiges Hakenkreuz, das in der Nacht beleuchtet wird und weithin sichtbar von ihrer Herrschaft über den Wienerwald künden soll.

Romantische Ritterburg: Ruine Johannstein im Naturpark Sparbach

Im Oktober 1836 unternimmt die extravagante englische Reisende Frances Trollope zusammen mit ihrer schönen Tochter Cecilia Ausflüge in den Wienerwald. Mrs. Trollope, Witwe eines angesehenen Londoner Anwalts, hat bereits viel von der Welt gesehen, von einzelnen Orten in der Waldlandschaft ist sie jedoch restlos begeistert, so auch vom Helenental, dem „lieblichen Fleck“, an dem, wie sie schreibt, die Natur beschlossen zu haben scheint, „Wildnis zu Schönheit und Rauheit zu Anmut“ werden zu lassen. Ein Ausflug am Tag nach der Besichtigung des Helenentals führt die beiden Engländerinnen von ihrem Quartier in Baden über Heiligenkreuz, Gaaden und Sittendorf – hier nimmt man das Frühstück ein – in das Dörfchen Sparbach. Hier erklärt man ihnen, dass eine Weiterfahrt mit dem Wagen zu den sehenswertesten Punkten der Gegend zu beschwerlich wäre, und so beschließen sie, zu Fuß und im „Sonnenschein von bester deutscher Art“ die „wildesten Pfade“ des Sparbacher Geheges zu bezwingen. Ein junger Mann wird als Führer gemietet, dann geht es los zu den „lieblichsten Punkten“ dieser Domäne des im April 1836 verstorbenen Fürsten Liechtenstein: Erste Station auf ihrem Streifzug ist Burg Wildegg, ein, wie Mrs. Trollope findet, *very curious old mansion,* ein „seltsames altes Haus“ – die lange Reihe der verlassenen alten Gemächer, durch die sie von einem Bauern geführt wird, erinnert die empfindsame Besucherin prompt an Ann Radcliffs berühmten Schauerroman *The Mysteries of Udolpho.* Sie weiß nicht, dass das „seltsame alte Haus“ tatsächlich Schreckliches gesehen hat: 1683 wird Wildegg von einer türkischen Streifschar belagert, angeblich befehligt von einem Scheich Ibrahim von Milasa. Als die ersten Angriffe seiner Krieger zurückgeschlagen werden, greift Scheich Ibrahim zu einer List: Er sichert den Verteidigern freies Geleit zu, auf dem Anger vor der Burg lädt er sie an rasch aufgestellten Tischen zum Essen und Trinken ein. Kaum haben sich die aus der Burg kommenden Menschen an den Tischen niedergelassen, gibt er seinen Männern das Zeichen zum Morden: Vom Pfleger der Herrschaft Wildegg bis zum letzten Holzknecht werden alle *erbärmlich niedergehauen,* niemand überlebt das Blutbad.

Von Wildegg spaziert die kleine Reisegesellschaft weiter zur Burg Johannstein, der „malerischsten Ruine, die wir gesehen haben“, „wir verlebten ein paar wonnevolle Stunden, in denen wir das märchenhaft kleine Tal durchwanderten, welches sich unter dem kühnen Felsen hinzieht, auf dem die Ruine steht“, danach kehrt man, die Damen sind indes „reichlich müde“ geworden, zurück zum Wagen und mit diesem fährt man weiter in die Brühl und nach Mödling. Die Begeisterung von Mutter und Tochter Trollope für die Ruine Johannstein verwundert nicht, verkörpert die kleine Feste doch das Ideal einer romantischen Ritterburg: Ein mächtiger Bergfried mit Mauern aus Bruchstein, die bis zu 2,5 Meter stark sind, ein viereckiger bzw. dreieckiger Palas und eine Burgkapelle mit schönem Tonnengewölbe beeindrucken auch heute noch den Besucher, auch ein Zwingergärtlein, gelegen über einem Abgrund, fehlt nicht.

*Ferdinand Raimund soll hier 1828,
wie die Tafel rechts verkündet, sein Zaubermärchen
„Der Alpenkönig und der Menschenfeind"
vollendet haben: die Burg Johannstein.*

„Malerischste Ruine, die wir gesehen haben": Burg Johannstein. Der Grundriss der gesamten Festung ähnelt angeblich einem Malteserkreuz.

Wie der *Fremdenführer in Wien und in dessen nächste Umgebungen* aus dem Jahre 1841 behauptet, weist die Feste zu diesem Zeitpunkt „ein paar noch bewohnbare Zimmer“ auf, auch die Fenster der Kapelle seien noch erhalten gewesen. Die Schlüssel zur Burg habe der Förster des „fürstlich Liechtenstein‘schen Jagdschlosses“ verwahrt.

Heute betreten wir die Burg über eine Brücke, die den in den Fels geschlagenen, 4,5 Meter breiten Burggraben überwindet. Ein Spitzbogentor führt uns in einen engen Vorraum, durch ein weiteres Tor gelangen wir dann in den inneren Burghof.

Ihren Namen erhielt die Burg im 15. Jahrhundert nach dem damaligen Burgherrn Johann Jöchlinger, von dem wir wissen, dass er mit dem Landesfürsten, Herzog Albrecht V., befreundet war und von diesem 1429 den „Burgstall bei Sparbach genannt Schnepfenstein“ – die Überreste von Burg Schnepfenstein, einige wenige Mauern, befinden sich in der Nähe des Eingangs zum Naturpark – als Lehen erhielt. Die Anfänge von Johannstein reichen vermutlich ins 11. Jahrhundert zurück; in einem Heiligenkreuzer Stiftsbrief aus dem Jahre 1136 wird bereits ein Anselm von Sparbach genannt. Zur Zeit der Reformation, so erzählt der *Fremdenführer in Wien,* erwarb die Burg der kaiserliche Rat und Regent der Niederösterreichischen Lande Andreas Freiherr von Thonradl (auch: Thanrädl, 1509–1566), 1571 sei sie Eigentum des Nonnenklosters in der Wiener Himmelpfortgasse geworden, später dann in den Besitz von Stift Heiligenkreuz übergegangen. 1809 kaufte sie dann Fürst Johann I. von Liechtenstein.

Wer nach dem Besuch des romantischen Gemäuers, von dem es, wie der *Fremdenführer in Wien* erwähnt, in „älterer Zeit“ eine unterirdische Verbindung zur Burg Wildegg gegeben haben soll, noch Lust und Kraft hat, kann bis zur Köhlerhütte (auch „Köhlerhaus“) weitergehen, einer künstlichen Ruine, die Fürst Liechtenstein anlegen ließ. Die schöne Aussicht lohnt die Anstrengung! Nicht ganz von der Hand zu weisen ist die Vermutung, dass hier in früheren Zeiten ein Turm als „Lug-ins-Land“ stand.

Mit klaren Aussagen wird man in Sparbach schon auf dem Parkplatz empfangen. Über 30 Baumarten beherbergt dieser Naturpark, darunter ist am häufigsten die Buche, die Mutter des Waldes, vertreten. Nach dem das Empfangshaus durchschritten ist, taucht man sofort in das baumreiche Areal ein. Fledermausnistkästen und Vogelhäuser verraten uns, dass hier bereits auf Ersatzbehausungen für die fliegenden Vertreter der Natur gesetzt wird. Eine Fülle an Hinweisschildern weist uns den Weg in mehrere Richtungen. Der naturbegeisterte Beobachter kommt hier voll auf seine Rechnung: In einem eingezäunten Gehege kann man von einer Beobachtungsplattform aus Rehe und Damwild beobachten. Eine Mühle, deren Wasserrad noch tatsächlich mit Wasser angetrieben wird, ist ein weiterer Anziehungspunkt für den Besucher. Man muss jederzeit damit rechnen, auf frei laufende Wildschweine zu stoßen. Grunzend und den Boden durchwühlend, balgen sie sich oft lautstark untereinander. Der Erlebniswert im Naturpark Sparbach ist aufgrund einiger freilaufender Tiere hoch! Es ist toll, dieses Treiben beobachten zu können!

ROMANTISCHE RITTERBURG: RUINE JOHANNSTEIN IM NATURPARK SPARBACH

Ein wunderbarer und Energie spendender Ort ist die Sitzbank unter der sogenannten Raimundföhre, einem mächtigen Baum mit braungefärbter Rinde. Dazu noch ein Hinweis: Wer sich näher für Bäume und Wald interessiert, ist im Naturpark Sparbach bestens aufgehoben – hier werden u. a. auch für Kinder „waldpädagogische Erlebnisführungen“ angeboten.

Zur Raimundföhre: Ferdinand Raimund ist im Wienerwald ein treuer Gast. In Gaaden schreibt er 1833 seinen *Verschwender* zu Ende und unternimmt von dort aus zahlreiche Ausflüge auf die umliegenden Berge. Er hat sein Quartier nahe der Kirche im Gästehaus des Stiftsgasthofes „Zum Goldenen Kreuz“, bei den Leuten im Dorf ist der Dichter aus Wien durchaus beliebt, mit dem „Kraxnweiberl“ setzt er im *Verschwender* einer typischen Wienerwald-Personengruppe jener Tage – den Frauen, die in ihrer „Kraxe“ Brennholz zu den Kalköfen schleppen – ein literarisches Denkmal.

INFO

Der schnellste Weg zum Sparbacher Tierpark, dem ältesten Naturpark Österreichs, und zur Burg Johannstein führt über die A 21 zur Ausfahrt Hinterbrühl und die Landstraße 128 bis Sparbach-Naturpark. Hier parkt man und löst eine Eintrittskarte für den Naturpark. Die Gehzeit bis zur Ruine beträgt etwa eine halbe Stunde. Die Öffnungszeiten des Naturparks Sparbach/Stiftung Fürst Liechtenstein: von Ende März bis Anfang November, täglich von 9 bis 18 Uhr. Achtung: Die Mitnahme von Hunden und das Fahren mit Fahrrädern ist im Naturpark Sparbach mit Rücksicht auf die frei herumlaufenden Wildschweine nicht gestattet.

Zahlreiche Attraktionen warten auf Familien mit Kindern, so neben dem Kleintiergehege und einer „Galerie der Wildtiere“ ein interaktives Naturparkhaus mit Tierstimmenwand und Tastboxen sowie ein Abenteuerspielplatz mit Baumhaus – für Abwechslung ist gesorgt!

Beeindruckende Baumgestalt:
die Raimundföhre.

Die Araburg in Kaumberg

Der Aufgang zum Bergfried in der Araburg.

Auch wenn sie streng genommen nicht mehr im Wienerwald liegt: Die Araburg, so meinen wir, ist einen Ausflug wert, ihr „Schicksal" ist mit der Geschichte des Wienerwaldes eng verknüpft. Der nicht allzu weite Weg hinauf vom Parkplatz bei Kaumberg führt uns durch in dichten Herbstnebel gehüllten Wald, es ist ein wenig unheimlich hier – eine der Hinweistafeln, die uns den Weg zeigen soll, wird von einem Baum geradezu „verschlungen". Erst als wir in ihrer unmittelbaren Nähe sind, taucht die Silhouette der Burgruine vor uns aus dem Nebel auf. „Ruine", so merken wir gleich, ist nur zum Teil richtig: Der massive Torturm, durch den man den Ersten Burghof der 1192 erstmals als *de Arberch* urkundlich erwähnten Anlage betritt, ist noch gut erhalten, der Bergfried wurde zu einem Aussichtsturm umgebaut und auch die dem heiligen Georg 1457 geweihte Burgkapelle vermittelt noch einen guten Eindruck spätmittelalterlicher Sakralarchitektur. Vom dreigeschossigen Palas ist allerdings nur mehr die Außenmauer erhalten, zwei Reihen hässlich klaffender Balkenlöcher künden von Zerstörung und Verfall.

Im Frühjahr 1945 soll es hier bei Kämpfen zwischen SS und Rotarmisten zu Sprengungen gekommen sein, die entscheidenden Zerstörungen stammen jedoch aus dem verhängnisvollen Türkenjahr 1683. So wie andere „Zufluchtsorte" befand sich wohl auch die Araburg – zu diesem Zeitpunkt im Besitz des Stiftes Lilienfeld – nicht im besten Verteidigungszustand. Dennoch war sie für die Bewohner Kaumbergs und der Höfe im Umland die einzige Hoffnung: Zusammen mit den zwei Pfarrgeistlichen des Ortes ziehen sie sich beim Herannahen der „Senger und Brenner" mit Kind und Kegel auf die Feste zurück, die 1529 noch gehalten werden konnte. Ein Trupp Bauern errichtet im Vorfeld des Ortes eine Schanze, unser Gewährsmann Balthasar Kleinschroth aus Heiligenkreuz, der hier *länger alß ein halbe stund* auf seine Mitbrüder wartet, schildert *jammer und ellend* der Flüchtenden, die an der Schanze vorbeiziehen: *Bey villen kunte man die warzeichen sehen, so mit gräulichen wunden daher khomen und den Tartern nocht entwischet, theilß schier ohne kleider, weilen sie alleß dahinden gelaßen und entloffen ... Und wer nit dergleichen mit augen gesehen, kanßß nit begreiffen, waß nur ich mit den meinigen erfahren und gesehen.*

Die Schanze bei Kaumberg wird am 14. Juli 1683 von einer türkischen Streifschar überrannt, die Häuser des Ortes werden geplündert und in Brand gesteckt, wer nicht geflüchtet ist, wird getötet oder gefangen genommen. Wenig später schließen die Türken auch die Araburg ein. Die Lage der Belagerten scheint nicht vorab hoffnungslos, ist doch die Feste durch das auf drei Seiten steil abfallende Gelände gut zu verteidigen. Doch jetzt rächen sich die Versäumnisse in der Vorbereitung: Bald beginnt es an Proviant und Munition zu fehlen, vor allem aber auch an entschlossener Führung.

DIE ARABURG IN KAUMBERG

Als Matthias Kohlweiß, der kampflustige Abt von Stift Lilienfeld, von der Belagerung der Araburg erfährt, beschließt er zu helfen: Ein angeblich 150 Mann starker Trupp soll den Belagerungsring durchstoßen und die Burg entsetzen – das Unternehmen scheitert kläglich. Die Sage weiß jedoch von einem anderen Ausgang zu berichten: Die schlauen Lilienfelder sollen bei ihrem Entsatz einen Stier, mit dem sich ein Bauer in den Wald geflüchtet hatte, mit auf die Anhöhe der Burg genommen und dort zum Brüllen gebracht haben – die Türken hätten daraufhin gemeint, ein Kriegshorn zu hören, und wären geflüchtet. Eine nette Geschichte, die jedoch über die historischen Fakten nicht hinwegtäuschen kann: Die Araburg wird von den Türken eingenommen, die Kaumberger werden ermordet oder versklavt, die Feste in Brand gesteckt.

Die dramatischen Ereignisse anno 1683 sind längst in eine unwirkliche Ferne entrückt, heute dominiert auf der Araburg, die zum beliebten Wanderziel geworden ist, die romantische Idylle – und dennoch: Selbst bei einem kleinen Imbiss im gemütlichen Burgstüberl können wir das Wissen um die Schrecken der Vergangenheit nicht ganz aus unseren Gedanken verbannen: Die Welt des Wienerwaldes war von den Kriegern Kara Mustafas in eine Ruinenlandschaft verwandelt worden.

Eine ganz besondere Attraktion, die es kein zweites Mal in der Region Wienerwald gibt, findet sich direkt neben der Araburg: Für eine Münze läutet da die Glocke! Schüler der HTL Mödling hatten die gelungene Idee, hier einen hölzernen Turm mit Glocke aufzustellen. Nach dem Fall der Münze setzt sich das Läutwerk in Bewegung, die vollen Glockentöne sind ein beeindruckendes Erlebnis. Nach einer Minute freut man sich jedoch darüber, dass die Glocke ausschwingt und im Wald um die Araburg wieder Ruhe einkehrt. Beim Anblick der langsam ausschwingenden Glocke denken wir noch darüber nach, was wohl los wäre, wenn ein „läut-freudiges“ Kind mit seinem Sparschwein, prall gefüllt mit Münzen, hier auftauchen würde!

INFO

Wir fahren auf der Triestingtalstraße bis Kaumberg, hier zweigt die schmale Straße zum Parkplatz unterhalb der Ruine ab. Die Gehzeit vom Parkplatz hinauf zur Araburg: 40 bis 45 Minuten.

Die Natur gewinnt wieder die Oberhand:
Der Baum „verschlingt" die Hinweistafel.

Eintauchen IN ATEMERAUBENDE *Aussichten*

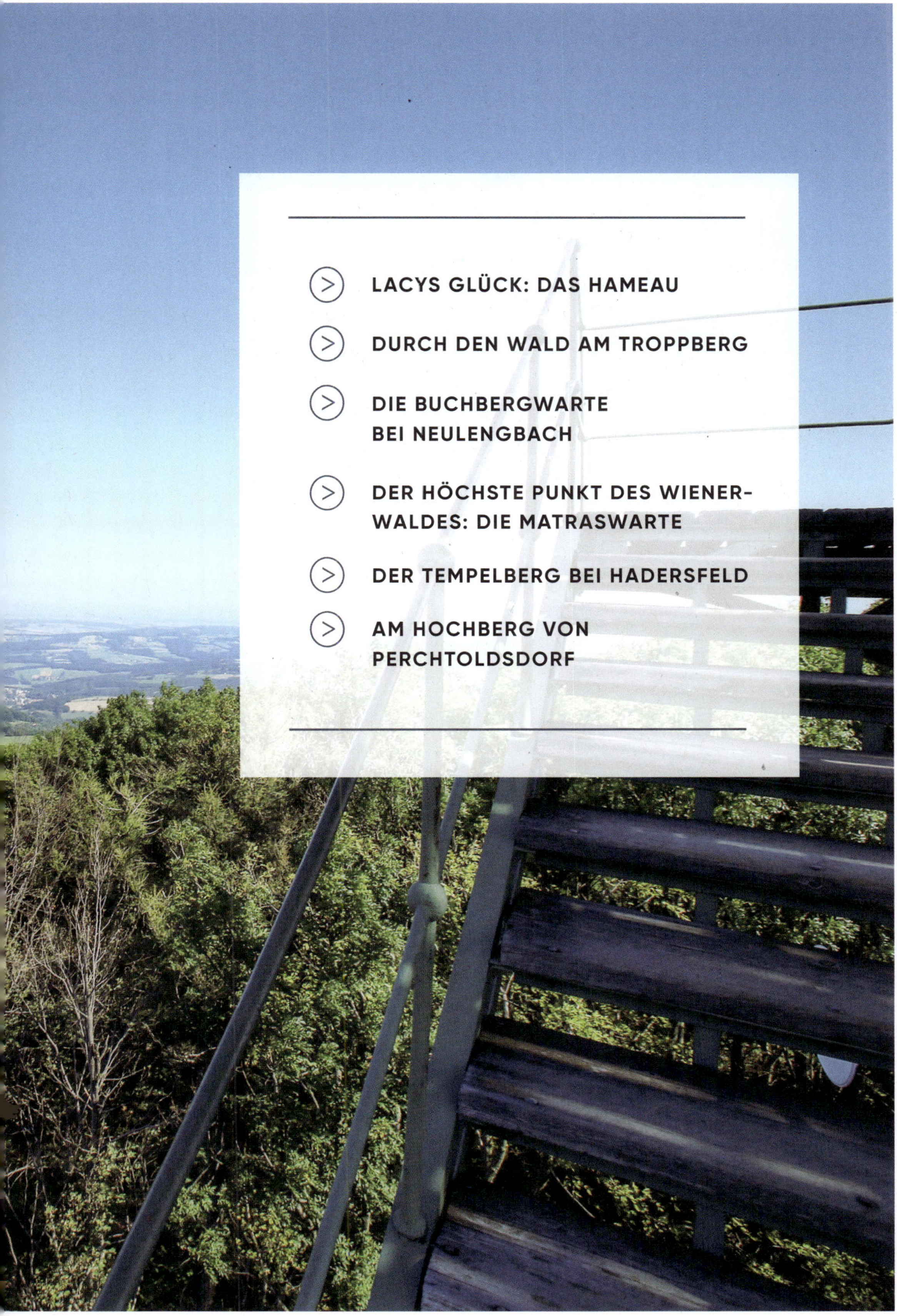

- LACYS GLÜCK: DAS HAMEAU
- DURCH DEN WALD AM TROPPBERG
- DIE BUCHBERGWARTE BEI NEULENGBACH
- DER HÖCHSTE PUNKT DES WIENERWALDES: DIE MATRASWARTE
- DER TEMPELBERG BEI HADERSFELD
- AM HOCHBERG VON PERCHTOLDSDORF

WALDSPAZIERGANG

Eintauchen in atemberaubende Aussichten

Empor zum höchsten Punkt

Wanderung zur Matraswarte

Wer im Wienerwald unterwegs ist, weiß: Rastbänke zum erholsamen Verweilen gibt es hier unzählige, doch die **„Rastbank“** ist keine Sitzbank, sondern ein 643 Meter hoch gelegener Pass, der die Ortschaften Schöpflgitter und St. Corona am Schöpfl miteinander verbindet. Hier befindet sich folgerichtig auch der Parkplatz „Die Rastbank“, von dem aus wir unsere Wanderung empor zum höchsten Punkt des Wienerwalds beginnen. Nach dem Schranken wandern wir auf einer bequemen und breiten Forststraße die ersten sanften Serpentinen hoch, nach kurzer Zeit erreichen wir die Kernzone **„Mitterschöpfl“** – eine der insgesamt 37 Kernzonen des Biosphärenparks Wienerwald. Nach etwa 40 Minuten wagen wir uns dann an einen „Abschneider“, der rechts hinauf durch das Waldgelände führt; die weiß-blau-weißen Markierungen leiten uns zuverlässig. Jetzt ist der Anstieg nicht mehr ganz so bequem, dafür geht es aber schneller. Wir passieren ein hölzernes Wegkreuz und steigen durch den schönen Hochwald bergan – schlanke Weiß-

<

Am Dach der Wienerwaldwelt:
der Ausblick von der Matraswarte am Schöpfl.

buchen und dazwischen manch mächtige Fichte stehen Spalier. Saftiges grünes Moos und ab und zu sogar eine kräftig-gelbe Dotterblume säumen den Pfad; wer Glück hat, mag sogar einen Feuersalamander erspähen. Wir kreuzen zweimal die Forststraße und befinden uns nach etwa einer Stunde zwanzig Minuten im Schlussanstieg zur **Schöpflkuppe.** Es ist das steilste Stück der Tour und jetzt ist Kondition gefragt – etwas außer Atem erreichen wir eine freie Wiesenfläche und erblicken rechts bereits das markante Stahlgerüst der **Matraswarte,** die wir nach wenigen Minuten erreichen.

Genau 100 Stufen sind es, die uns jetzt noch von der Aussichtsplattform trennen – sie zu bewältigen ist natürlich Ehrensache! Der Wind umbläst uns hier oben mitunter ziemlich heftig, doch wir steigen unverzagt hoch und betreten die Plattform – der grandiose Ausblick belohnt uns für diese letzte Mühe. Wir befinden uns hier am Dach der Wienerwaldwelt: In der Ferne grüßen die weißen Gipfel der Alpenberge, zu unseren Füßen erstreckt sich das weite Land rundum.

Eine erste Aussichtswarte wurde auf dem Schöpfl vom kaiserlich-königlichen Forstärar bereits 1865 errichtet, 1898 erfolgte dann im Auftrag des Österreichischen Touristenklubs durch die Wiener Eisenkonstruktions- und Brückenbau-Anstalt Ignaz Gridl der Bau der neuen Warte. Da es das Jahr des vielgefeierten 50-jährigen Regierungsjubiläums Kaiser Franz Josephs war, lag es nahe, sie zu Ehren des Monarchen „Kaiser Franz Josephs Warte" zu nennen. 1932 wurde sie nach Franz Eduard Matras (1862–1945), dem ersten Präsidenten des Österreichischen Touristenklubs, in „Matras-Warte" umbenannt.

Wir steigen die 100 Stufen wieder hinab und nehmen noch kurz die alte **Steinpyramide** in Augenschein, die sich unmittelbar neben dem stählernen Bauwerk erhebt. Sie trägt die Jahreszahl 1867 und erinnert an die Pionierzeit der Erdvermessung, für die auch österreichische Wissenschaftler, Bedeutendes leisteten.

Noch aber wartet eine Attraktion dieser Wanderung auf uns: das **Schöpfl-Schutzhaus,** das knapp unterhalb des Schöpfl-Gipfels liegt und von der Matraswarte bereits zu erblicken ist. Eine Tafel am Eingang weist darauf hin, dass der Schöpfl auch Station des Internationalen Pilgerwegs „Via Slavorum" ist, der von Krakau nach Assisi und weiter nach Rom führt. Für diese gewaltige Strecke sehen wir uns noch nicht ganz in Form, wir beschließen uns vorerst mit den herzhaften Köstlichkeiten zu stärken, die der junge Hüttenwirt auf der Karte hat – Erdäpfel-Pilz-Suppe und Kardinalschnitte munden prächtig. Der Abstieg zur **„Rastbank"** fällt uns nach dieser erholsamen Pause leicht, noch einmal genießen wir den Wald: seine Farben, seine Luft, das Spiel von Licht und Schatten, Stein und Wasser, rauer und glatter Rinde.

Charakteristik:
Leichte bis mittelschwere Wanderung. Wichtig: Bitte auf trittsicheres Schuhwerk achten, bei nassem Wetter kann es ziemlich rutschig werden.

Gesamtgehzeit:
ca. 3 bis 3,5 Stunden. Wer die Wanderung beim heiligen Brunnen in St. Corona beginnen möchte, muss gut eine Stunde länger rechnen.

6

Die SCHÖNSTEN AUSBLICKE *über den Wienerwald*

Der Blick vom Gipfel:
Es sind kostbare Augenblicke, die man nicht missen möchte, für die man sich stundenlang den Weg hinaufgequält und bereitwillig Schweiß und Mühsal geopfert hat. Mit dem Blick in die Ferne lassen wir die Sorgen des Alltags hinter uns, der Anblick einer gleichsam „ganzen" Welt versetzt uns in eine seltsam gehobene Stimmung: Freiheit und Weite umgeben uns, aus der Ferne hat die Landschaft nur mehr ein Gesicht – sie ist einfach schön. Die Distanz schafft Harmonie, alles Hässliche bleibt verborgen.

Es war die Hoffnung auf dieses krönende Erlebnis jeder Wanderung, die auch die Erschließung des Wienerwaldes bestimmte: Schon seit der Biedermeierzeit wurden auf seinen Kuppen Aussichtswarten gebaut, adelige Naturfreunde legten in ihren Parks malerisch gelegene Aussichtsplätze an. Das Sehen von Landschaft und die daraus resultierende seelische Erschütterung wurden touristischer Standard. Wienerinnen und Wiener strömten in den Wald, angezogen vom Versprechen großartiger pittoresker Eindrücke: Man freute sich auf den Anblick der weiten grünen Waldkuppen, auf die weißen Gipfel im Süden und die große Ebene im Osten. Man wollte sehen, was als sehenswert galt, und empfand die Begegnung mit der Natur so, wie diese von den Autoren der nun zahlreich erscheinenden Reisejournale und Wanderbücher vorgegeben wurde: als romantisch-sentimentales Erlebnis, das manchmal auch eine wild-dämonische Note bekommen konnte.

Lacys Glück: das Hameau

Sein Vater, ein katholischer englischer Adeliger, der mit James II. in die Emigration gegangen war, kämpfte als russischer Feldmarschall für den Zaren, Franz Moritz Graf von Lacy (1725–1801) zieht die kaiserliche Armee Maria Theresias vor. Rasch klettert er die Karriereleiter hoch: 1753 wird er zum Obersten ernannt, nach der Schlacht bei Lobositz am 1. Oktober 1756 befördert ihn die Regentin zum General-Feldwachmeister, ein Jahr später ist er bereits Feldmarschallleutnant und Generalquartiermeister, nach dem Finckenfang von Maxen 1759 General-Feldzeugmeister. Auf 13 Feldzügen soll er sechsmal verwundet worden sein. Lacy ist kein Draufgänger, sondern ein umsichtiger Taktiker und Reformer, der zu Recht das Vertrauen Maria Theresias besitzt, von 1766 bis 1774 ist er Präsident des Hofkriegsrats. Bereits zuvor, 1765, kauft der berühmte Kriegsmann Schloss und Herrschaft Neuwaldegg und lässt auf diesem Besitz einen Naturpark nach englischem Vorbild einrichten: möglichst naturbelassene Bäume und Sträucher, Wiesen und „artige Bächlein und anmutige Wasser", dazwischen die Kopien antiker Statuen, Lauben und Lusthäuser, Obelisken und Tempel. Ein kleines Wasserschloss, ein chinesischer Pavillon und ein „Felssitz" dürfen in dieser Erlebnislandschaft nicht fehlen, der Wienerwald-Wanderer Franz de Paula Gaheis ist begeistert, als er den Park 1799 besichtigt: „Unerreichbar der schwachen Feder" sei „die Beschreibung dieses halbwilden Aufenthalts der Einsamkeit", wo die „Rebhühner flattern, Hasen durchschlüpfen und Fasane ziehen". Der chinesische Pavillon beeindruckt Gaheis besonders, ist doch hier „unter dem Fußboden eine Maschinerie angebracht, mittels welcher ein vollständig gedeckter Tisch auf- und abwärts getrieben werden kann".

Lacy, der über eine halbe Million Gulden in seinen 1796 fertiggestellten Park investiert, kauft schließlich dem Schottenkloster noch die heutige Marswiese ab, eine Statue des römischen Kriegsgottes, die er aufstellen lässt, gibt der Wiese ihren Namen. Die Statue, auch „Aresstatue" genannt, steht heute noch. Inspiriert wird Lacy von der Lektüre Rousseaus, mit dem Anlegen einer „Rousseau-Insel", versehen mit einem symbolischen Grab, Trauerweiden und Pappeln, gedenkt er des französischen Philosophen.

Auf der höchsten Kuppe des Geländes lässt Lacy siebzehn komfortabel ausgestattete Hütten errichten, in denen seine Gäste wohnen und von denen aus man eine prachtvolle Aussicht auf die Stadt genießt. Nach holländischer Art wird vor jeder Hütte ein Baum gepflanzt, das hat zur Folge, dass aus den Hütten das „Holländerdörfl" wird. Eine der Hütten ist für Lacy selbst gedacht, sie hat als einzige auch einen Stock und von hier aus genießt der Hofkriegsratspräsident die wunderbare Aussicht. An seiner Hütte lässt er einen Lobspruch auf das „Dörfchen" (= französisch *hameau*) anbringen:

Eine der Kernzonen des Biosphärenparks Wienerwald: das Waldparadies am Troppberg.

LACYS GLÜCK: DAS HAMEAU

O sité de mon choix!
Hameau que je prefère!
Heureux, qui vit ici,
tranquille et solitaire!

Oh Gegend meiner Wahl,
oh Dörfchen voller Frieden!
Glücklich, wer in dir lebt,
in Ruh' und abgeschieden.

Der Schlachtenlenker mit dem romantischen Gemüt, gewöhnt an den hässlichen Lärm des Krieges, genießt die stille Abgeschiedenheit – noch gibt es keine Straßenbahnen, keine Autos und Busse, die Stadt liegt in deutlicher Ferne. Hier richtet er manchmal Feste aus, bei denen auch, so die Überlieferung, sein kaiserlicher Freund Joseph II. zugegen ist. Das Areal ist zwar von einem Zaun umgeben, aber Lacy hat nichts dagegen, dass die neugierigen Wiener den Park besuchen, sie dürfen nur die Wege nicht verlassen. Auf einer Tafel am Eingang bittet der Graf, der mit der Öffnung des Parks für das Publikum seinem Freund Joseph II. nacheifert, um entsprechendes Verhalten: „Wenn diese ländliche Anlage dem Publikum einige Unterhaltung gewähren und es daher die Eröffnung derselben nicht anders als eine Gefälligkeit ansehen kann, so erbittet man sich dagegen als die einzige, daß das, was hier zum Genuß für aller Augen gepflanzt ist, von den Anfällen lüsterner, oft nur mutwilliger Kinder sicher sey; daß, da es an gebahnten Wegen nicht mangelt, die Rasenplätze unbetreten bleiben, die Wände der Hütten nicht mehr durch trockene Namensverzeichnisse und seichte oder gar Wohlanstand und Sittlichkeit beleidigende Aufschriften jedem Vorübergehenden den unglücklichen Geschmack der Schreiber verraten."

Graf Lacy stirbt 1801 und wird in einem Mausoleum in seinem Park an der Seite seines bereits vor ihm gestorbenen Cousins Georg Graf von Browne begraben. Da er unverheiratet war und keine Kinder hinterlässt, gelangt das Erbe in den Besitz des Fürsten Schwarzenberg, der den Besitz jedoch verkommen lässt: Die Bauten verfallen, die Hütten des Holländerdörfls, inzwischen längst *Hameau* genannt, müssen abgetragen werden, einige Zeit lang existiert hier ein Wirtshaus, das für das leibliche Wohl der Wanderer und Ausflügler sorgt. Der Schwarzenbergpark, wie nun der Lacy'sche Neuwaldeggerpark genannt wird, sinkt zurück in die Wienerwaldwelt.

1957 kauft die Gemeinde Wien das gesamte Areal um knapp 16 Millionen Schilling von der Schwarzenberg'schen Gutsverwaltung, Pläne, es in einen Golfplatz zu verwandeln, können vom Hernalser Bezirksvorsteher Karl Panek (1905–1976) abgewehrt werden, der ehemalige Park des Grafen Lacy bleibt ein Paradies für Spaziergeher und Jogger.

Sonntagnachmittag am Hameau: im Gastgarten von Leopold Edelmüllers Café-Restaurant und Meierei. Ansichtskarte, um 1932.

INFO

Ausgangspunkt für eine Wanderung zum Hameau ist die Endstelle der Straßenbahnlinie 43 in Neuwaldegg. Von hier führt der Stadtwanderweg 3 zum Schwarzenbergpark und über den Hameauweg zur Kuppe des Hameau. Wer Lust hat, kann die Wienerwaldluft ausgiebig genießen: Über den Dreimarkstein, Dorotheer Wald und Michaeler Wald führt der Stadtwanderweg 3 wieder zurück zur Endstelle des 43ers. Unterwegs bietet sich das Häuserl am Roan zur gemütlichen Einkehr an.

Durch den Wald am Troppberg

Der Wienerwald besitzt an vielen Punkten ganz besondere Bereiche, die zu besuchen sich mehr als lohnt. Manche von diesen Bereichen liegen in den sogenannten „Kernzonen“, die auch als „Urwald von morgen“ bezeichnet werden. Hier möchte man den Wald wieder sich selbst überlassen, seine Entwicklung nicht durch forstwirtschaftliche Eingriffe beeinflussen. Insgesamt 37 solcher Kernzonen wurden eingerichtet – so soll der Lebensraum für Käfer, Pilze und andere Lebewesen bewahrt werden. Die Kernzone Troppberg im Biosphärenpark Wienerwald ist jedoch nicht nur Naturschutzgebiet – sie ist ein faszinierendes Wanderparadies für Naturliebhaber. Auf den vorgegebenen Wanderstrecken ist der Mensch als Teil der Natur auch hier herzlich willkommen.

Die Kernzone Troppberg, eine der größten Kernzonen des Wienerwaldes, umfasst 565 Hektar, die Hälfte der Waldbäume, vorwiegend Buchen, ist über 100 Jahre alt. Das Waldgebiet am Troppberg bietet nicht zuletzt auch Lebensraum für den Dachs.

Die beiden Aussichtswarten am Troppberg (542 m) werden über einen steilen Anstieg durch einen unglaublich schönen Wald mit lockerem Unterholz erreicht. Sie stehen dicht beieinander. Die niedrigere Warte aus Stein ist 1870 vom „Purkersdorfer Verschönerungsverein“ errichtet worden und ersetzte diverse Vorgängerkonstruktionen aus Holz, die bereits seit der Biedermeierzeit hier standen. Anno 1902 übernahm der Österreichische Touristenklub den Aussichtsturm und benannte ihn zum Gedenken an seinen Gründer „Gustav-Jäger-Warte“. Um die Verwirrung noch zu vergrößern: 1927 ging die Betreuung der Warte wieder an den „Purkersdorfer Verschönerungsverein“, der prompt auch den Namen wieder änderte – zu Ehren des Vereinsobmannes in „Alexander-Kendl-Warte“. Wie immer wir die Warte auch nennen wollen: Sie ist verschlossen und kann nicht betreten werden. Während des Zweiten Weltkrieges diente die Warte als Flugbeobachtungsposten.

Ein Gemeinschaftsprojekt der Gemeinden Gablitz, Purkersdorf und Tullnerbach: der Stahlturm, der zugleich als Funkmast genützt wird.

INFO

Wir parken auf der Riederberghöhe beim Gasthof Obermaisser, der Ausgangspunkt zur Wanderung auf den Troppberg ist auch mit dem ÖBB-Postbus 447 oder 547 erreichbar. Die Gehzeit bis zur Troppbergwarte beträgt etwas über 1 Stunde.

Ein 50,5 m hoher Eisenmast, um den sich eine Treppe emporwindet, bietet die Alternative zur steinernen Warte: Der Stahlturm, der zugleich als Funkmast genützt wird und auf dem zahlreiche Antennen montiert sind, wurde als Gemeinschaftsprojekt der Gemeinden Gablitz, Purkersdorf und Tullnerbach 1991 errichtet, die Aussichtsplattform befindet sich in 24 m Höhe. Der Ausblick in das Umland – bis zu Schneeberg und Ötscher – ist hier noch gut möglich und lohnt alle Mühen, allerdings drohen die immer höher wachsenden Bäume die Aussicht zu beeinträchtigen.

Der wahre Schatz des Troppbergs liegt in dem märchenhaften Wald, den man auf dem Weg zur Aussichtswarte durchwandern darf. Ein ausgesprochenes Erlebnis. Wir raten, auf dem Weg auch einmal Halt zu machen und die Ruhe und Abgeschiedenheit dieser einzigartigen Waldlandschaft zu genießen. Wer auf dem Rücken liegend die leicht schwingenden Baumgipfel beobachtet, begleitet vom „Singen“ der Blätter und überhöht vom Blau des Himmels, wird sich eines meditativen Gefühls nicht erwehren können: Inmitten der Naturschönheit Wienerwald ahnt man die Ewigkeit des Lebens, an der wir teilhaben dürfen.

Panoramablick von der Wienerwald-Warte am Jochgrabenberg bei Rekawinkel, aufgenommen und gezeichnet von Adolf Blamauer, 1907.

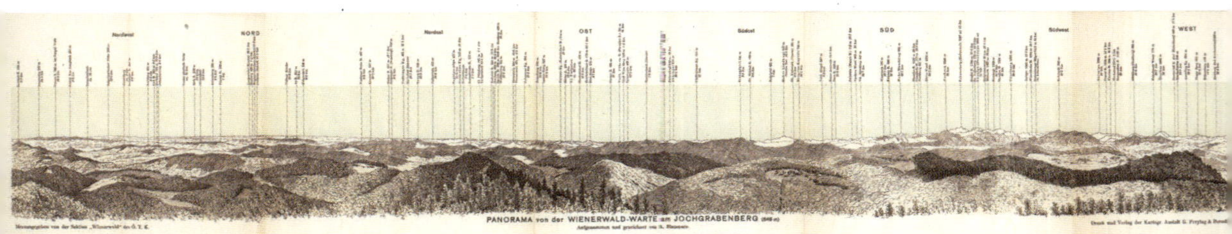

Der Fernblick von der Aussichtsplattform am Troppberg.

Die Buchbergwarte bei Neulengbach

Im Herbst 1911 unternimmt Egon Schiele, der in diesem Jahr von Krumau nach Neulengbach übersiedelt, einen Ausflug auf den Buchberg und ist von der Aussicht begeistert. An seinen Freund und Studienkollegen Anton Peschka schreibt er: „Vom Buchberg bei Neulengbach übersieht man das herrlichste Felderland, das ich kenne, was man vom Krummauer Turm an Häusern sieht, sieht man dort an Feldern."

Dazu kommt ein weiterer erfreulicher Aspekt: Der Buchberg im Nordwesten des Wienerwaldes wartet mit einem sehr gemütlichen Schutzhaus auf. Neben diesem steht ein mächtiger Aussichtsturm: die Buchbergwarte. Die erste, aus Holz errichtete und 16 Meter hohe Aussichtswarte wurde am 18. Juli 1901 eröffnet, sechs Jahre später errichtete man hier auch ein Schutzhaus, das „Wildegger-Schutzhaus", so benannt nach dem Neulengbacher Verein „D'Wildegger", der auch die Errichtung der Warte betrieben hat. Ein Brand im Jahre 1923 zerstörte beide Objekte. Bereits 1924 wird ein neues Schutzhaus errichtet, die „Hans-Krieger-Hütte", die 1949 einem Brand zum Opfer fällt. 1954 beginnt man mit dem Bau eines neuen Berggasthauses, dessen Betrieb 1980 eingestellt und 2003 wiederaufgenommen wird. Erst 2004 kam es zum Bau einer neuen Aussichtswarte. Die neue Warte ist als gemeinsames Projekt der Marktgemeinden Maria-Anzbach und Asperhofen sowie der Stadtgemeinde Neulengbach errichtet worden; ihre Gesamthöhe beträgt 22,5 m, die Aussichtsplattform befindet sich in 19 m Höhe. Auf dem Weg hinauf zu ihr sind 117 Stufen zu bewältigen.

Da die Aussichtsplattform mit einer Überdachung ausgestattet ist, bietet sich auch bei Regen ein ungestörter Rundumblick – und dieser lohnt alle Mühen: Über die Baummeere des Wienerwaldes hinweg erspäht man im Süden den Schneeberg und im Südwesten den Ötscher, wechselt man auf die nördliche Seite der Plattform, kann man bis ins Waldviertel hinein sehen, das Tullnerfeld liegt einem praktisch zu Füßen. Es ist ein Platz zum Sinnieren und Entspannen, die Schönheit der Wienerwaldlandschaft wird uns hier oben überzeugend vor Augen geführt.

Das Schutzhaus gleich unterhalb der Warte belohnt uns müde Wanderer mit hervorragender Bewirtung, die sonnige Terrasse des Lokals lädt zum Verweilen und Genießen ein. Wer mit Kindern unterwegs ist, kann diese auf dem Spielplatz gleich nebenan herumtollen lassen, ja und dann gibt es auf der anschließenden Weide noch seltsame Tiere zu sehen: Lamas und Alpakas, die von der Zoologin und Reiki-Lehrerin Astrid Herler hier am „Altiplano" des Wienerwaldes gehalten werden. Wer das Besondere sucht, kann eine Erlebniswanderung mit „Lama-Lady" Astrid Herler und ihren Tieren buchen. Was will man mehr?

Markante Holzkonstruktion: die neue Buchbergwarte, ein gemeinsames Projekt der Gemeinden Maria-Anzbach und Asperhofen sowie der Stadtgemeinde Neulengbach.

Seit dem Jahre 1901 blickt man hier ins Land: die Aussicht von der Buchbergwarte.

Der 469 m hohe Buchberg kann aber noch mit einer weiteren Attraktion aufwarten: Auf seinem Hochplateau befand sich einst die größte urzeitliche Wallanlage des Wienerwaldes. Gewaltige 350 bis 400 m lang und 150 m breit dürfte die „Festung" der ausgehenden Jungsteinzeit gewesen sein, die bis in die keltische Zeit hinein bewohnt war. Der gesamte Bereich dieser Wallanlage steht heute unter Denkmalschutz.

Ihre größte Ausdehnung erlebte die Ansiedlung auf dem Buchberg in der späten Bronzezeit. Diese Epoche wird auch „Urnenfelderkultur" genannt, weil es vorherrschender Brauch war, die Toten einzuäschern und in Urnen zu bestatten. Die Träger dieser Kultur drangen im 13. und 14. Jahrhundert v. Chr. ausgehend vom Norden bis nach Mitteleuropa und sogar nach Südeuropa vor. Die Forschung konnte zeigen, dass diese Menschen Großsiedlungen auf Bergkuppen bevorzugten, die einen besseren Schutz gegen Feinde boten und von denen aus man die wichtigen Handelsrouten überwachen konnte. In römischer Zeit soll es, so wird vermutet, auf dem Buchberg eine Wachstation gegeben haben – dies scheint glaubhaft, denn über den Buchberg führte eine wichtige Straßenverbindung. Spuren dieses Weges sind oberhalb der Kirche St. Laurenzi in Markersdorf noch gut erkennbar. An der Außenmauer dieses romanischen Rundbaus findet sich eingemauert ein Römerstein, der einen „Todesengel" zeigt – auch das ein Hinweis auf die römische Besiedlung des Umlandes. Von der Buchbergwarte aus ist diese sehenswerte Kirche bequem zu erreichen, nutzen Sie die Gelegenheit!

INFO

Das Schutzhaus am Buchberg und die neue Aussichtswarte sind bequem mit dem Auto erreichbar. Wer möchte, kann von Neulengbach zur Warte hinaufwandern. Gehzeit bis zur Warte: ca. 1 Stunde 15 Minuten.

Der höchste Punkt des Wienerwaldes: die Matraswarte

Die höchste Erhebung des Wienerwaldes ist ein Aussichtspunkt, der seinesgleichen sucht! Wir starten unsere Wanderung direkt beim heiligen Brunnen von St. Corona am Schöpfl. Von hier führt ein gut markierter Wanderweg durch den wundervollen Wald bis ganz nach oben. Wir kommen an der beim Brunnen von St. Corona schon beschriebenen Wiese vorbei, auf der ein großes Kreuz aufgestellt wurde, das daran erinnern soll, dass hier in den letzten Kriegstagen im Frühjahr 1945 zahlreiche Menschen ihr Leben lassen mussten und die stille Waldlandschaft zum Mittelpunkt von Chaos und Verzweiflung wurde. Die Kämpfe um diese strategisch wichtige Erhebung sollen erbittert und verlustreich gewesen sein. An einer Wegkreuzung gelangen wir zu einer Abzweigung, die zu einem Nebengipfel des Schöpfl führt. Der 882 Meter hohe Mitterschöpfl beherbergt das Leopold-Figl-Observatorium für Astrophysik und ist eine Außenstelle der Universitätssternwarte der Universität Wien.

Kurz bevor man die Matraswarte erreicht, führt der Wanderweg aus dem Wald heraus und nach wenigen Schritten steht man vor der Aussichtswarte, neben der sich eine steinerne Säule befindet. Es handelt sich hierbei um einen alten Vermessungsstein. Der 1898 als „Kaiser Franz Josephs Warte" eröffnete und 1932 in „Matraswarte" umbenannte Aussichtsturm ist das höchstgelegene Bauwerk des Wienerwaldes. Der Rundumblick von der Plattform dieses 17 m hohen Bauwerkes ist großartig! Kein Baum behindert den Blick in das weite Land, die Aussicht reicht bis in das Wein- und Waldviertel, ja, bei schönem Wetter bis zu Schneeberg, Rax und Ötscher!

Links: Die schöne Aussicht war schon immer das Ziel: „Correspondenz-Karte" der Sektion Wienerwald des Österreichischen Touristen-Klubs.

Rechts: Das höchstgelegene Bauwerk des Wienerwaldes: die Matraswarte.

INFO

Gehzeit St. Corona am Schöpfl–Matraswarte: knapp 2 Stunden.

Relikt des ehemaligen Naturparks von Hadersfeld: die Grotte unterhalb des Obelisken.

Der Tempelberg bei Hadersfeld

(^)

Wie der Tempelberg bei Hadersfeld zu seinem Namen kam, mag auf den ersten Blick unklar sein – doch hier stand tatsächlich einmal ein „Tempel“, erbaut 1806/7 nach Plänen des Architekten Joseph Hardtmuth für Johann I. Fürst Liechtenstein. Die Familie Liechtenstein war 1765 in den Besitz der Herrschaft Hadersfeld gelangt. Fürst Johann I., der große Freund romantisch inszenierter Gärten, ließ dann rund um Schloss Hadersfeld einen Naturpark anlegen. Der Mode der Zeit folgend, durfte ein „Tempel“ nicht fehlen. 1835 schreibt Franz Xaver Schweickhardt in seiner Topographie über diesen Bau, der eher ein Pavillon war:

„Westlich vom Schlosse auf einer einige hundert Schritt entfernten mit Gesträuch bewachsenen Anhöhe, zu welcher von Greifenstein und von Hadersfeld her gut geführte Pfade leiten, befindet sich ein ziemlich großer steinerner Tempel, dessen Inneres ein hübsches Zimmer bildet, von wo aus nach vier Seiten hin Durchsichten durch das ihn umgebende Gehölz angebracht sind; leider ist aber dasselbe so hoch gewachsen, daß die Fernsicht dadurch fast ganz verhindert und nur gegen Westen auf einen kleinen Theil des Tullnerfeldes und des Donaustromes beschränkt ist.“ Die Wiener ließen sich's dennoch nicht verdrießen – der Hadersfelder Landschaftsgarten des Fürsten Liechtenstein wurde zu einem beliebten Ausflugsziel.

Der „Tempel“ ist nicht die einzige Attraktion des Liechtenstein'schen Naturparks, über die Schweickhardt zu berichten weiß: „Östlich hinter dem Dorfe, ebenfalls auf einer mit Gesträuch bewachsenen kleinen Anhöhe, erhebt sich über einer steinernen Grotte, welche auf vier Seiten steinerne Ruhesitze enthält, ein hoher aus Quadersteinen aufgeführter Obelisk, von dessen Spitze ein vergoldeter Stern herabglänzt. Hier als auf dem höchsten Punkt dieser Theile des Gebirges, wäre die Aussicht außerordentlich umfassend, wenn nicht das Gesträuch ebenfalls so hoch angewachsen wäre, daß nur einzelne Stellen des herrlichen Rundgemäldes zu erblicken sind (...)“.

<

Errichtet 1908 zu Ehren des 60-jährigen Regierungsjubiläums Kaiser Franz Josephs: die Tempelbergwarte.

Fest steht, dass sich auf dem 403 m hohen Aussichtsberg schon in der Bronzezeit eine befestigte Anlage befand; Keramikscherben und eine Speerspitze, die hier aufgefunden wurden, zeugen von einer prähistorischen Besiedlung. Vielleicht war die Gipfelkuppe bei Greifenstein auch ein besonderer Kultplatz, die großartige Rundsicht, die man von ihr aus genießt, hat wohl auch schon den Menschen der Vorzeit inspiriert. In der Zeit der Türkenkriege befand sich hier eine Kreidfeuerstation, ein hoher Holzstoß, der bei Annäherung des Feindes angezündet wurde und so die Bevölkerung alarmieren sollte. Da die Kreidfeuerstationen im Wienerwald nicht ausreichend gewartet wurden, versagte dieses Alarmsystem anno 1683 jedoch kläglich, nach dem Sieg über die Türken ließ man die Kreidfeuer verfallen. Ein Kupferstich in der *Topographia Archiducatus Austriae Inferioris Modernae* Georg Matthäus Vischers zeigt die Situation vor der Türkenbelagerung.

Seit 1908 steht auf dem Tempelberg eine Aussichtswarte, von ihr aus sieht man bis zu Schneeberg und Rax, Gippel und Göller, Muckenkogel und Ötscher, Jauerling und Buschberg. Errichtet wurde die Tempelbergwarte auf Beschluss der Gemeinde Altenberg zu Ehren des 60-jährigen Regierungsjubiläums Kaiser Franz Josephs, daher sprach man damals folgerichtig von der „Kaiser Franz Josef-Jubiläumswarte", die rasch zu einem beliebten Ausflugsziel der Wiener wurde. Dass man es nur mit einem bescheidenen Kompromiss zu tun hatte, geriet rasch in Vergessenheit – die ursprünglichen Pläne der Wienerwaldgemeinden hatten ganz anders ausgesehen: Am 30. März 1907 rief Josef Geißler, der Herausgeber des *Wienerwald-Boten*, die Leser des Blatts dazu auf, ein Komitee zur Errichtung eines Monuments zu bilden, das „unsere Liebe und Anhänglichkeit an unseren erhabenen Kaiser und seine erlauchte Familie" bekunden solle, gedacht sei an ein Denkmal „auf einem der höchsten Ausläufer des Wienerwaldes", das „weit in die Lande hinein Zeugnis gebe für die Liebe und Verehrung unseres Monarchen" und den „Fremdenzuzug in den herrlichen Wienerwald" befördere. Knapp einen Monat später hatte man dann schon konkrete Vorstellungen: Am 27. April 1907 berichtete der *Wienerwald-Bote* von einem „Jubiläums-Monumentalbau", der auf dem Gipfelplateau des Kohlreiths bei Neulengbach errichtet werden solle. Die Vision: „Er soll ein in Stein und Mauerwerk zu erbauender Monumentalbau im größeren Style werden, dessen Erdgeschoß eine Kapelle enthält, in welcher – in Stein gehauen – die Regierungszeit Kaiser Franz Josephs I. versinnbildlicht wird, während der obere Teil des Baues Aussichtszwecken dienen soll." „Der ganze Bau soll von außen eine Ähnlichkeit mit der Burg Habsburg in der Schweiz haben, deren seinerzeitiger Besitzer der Gründer unserer erhabenen Dynastie war." Der Besitzer des Grundstückes, Josef Allertshammer, habe dieses bereits „bedingungsweise gratis" zur Verfügung gestellt, zur Aufbringung der Kosten solle eine „Effektenlotterie" geschaffen werden.

Eröffnet wurde der steinerne Aussichtsturm am 27. September 1908, die Begrüßungsworte sprach der bekannte Orthopäde Adolf Lorenz, der in Altenberg ein Bauernhaus erworben und dies zu einem kleinen Schloss ausgebaut hatte. Sein zweitgeborener Sohn war der spätere Verhaltensforscher und Nobelpreisträger Konrad Lorenz. Die Stadt Wien war mit dem Dritten Vizebürgermeister Heinrich Hierhammer vertreten, die Festrede hielt der Altenberger Gemeinderat Heinrich Schrötter, der diese mit einem dreifachen Hoch auf den Kaiser beendete und dann die Schlusssteinurkunde verlas. Die Eröffnung selbst nahm der Tullner Bezirkshauptmann Wilhelm Tremel vor, zuvor weihte Pfarrer Steindl aus St. Andrä-Wördern den Bau. Mit einer gemeinsamen Besichtigung der neuen Warte ging die Feier zu Ende, dann begab man sich in A. Aigners Restauration in Hadersfeld und stärkte sich bei Speis und Trank, die Kapelle des 51. Infanterieregiments sorgte für die musikalische Untermalung des kulinarischen Vergnügens.

INFO

Vom Bahnhof Greifenstein-Altenberg ein Stück talabwärts bis zur Strauchgasse und dann auf dem rot markierten Klotzbergsteig in einem engen Tal aufwärts. Später über Serpentinen zur gelben Markierung und – dieser folgend – zur Tempelbergwarte.
Gehzeit ab Bahnhof: ca. 1 Stunde.

Romantische Inszenierung: der Obelisk von Hadersfeld mit der kleinen Grotte darunter.

Am Hochberg von Perchtoldsdorf

Es ist wirklich nur ein kurzer Weg, um von der Straße zu Fuß auf den Hochberg in Perchtoldsdorf zu gelangen. In fünf Minuten steht man auf einer beeindruckenden Anhöhe, die einen weiten Blick in das Umland ermöglicht. Ganz leise vernehmen wir in weiter Ferne das Rauschen der Autobahn. Der Hochberg von Perchtoldsdorf eignet sich hervorragend als Verweilplatz, um in sich zu gehen und neue Kräfte zu sammeln. Hier oben sind ganz nahe einer barocken Kreuzigungsgruppe mehrere Sitzbänke aufgestellt worden, wir sind aber bei jedem unserer Besuche alleine. Der tolle Aussichtspunkt ermöglicht einen wunderbaren Blick auf den markanten Turm der Burg Perchtoldsdorf. Auf der Anhöhe stehend, befindet man sich in der annähernd gleichen Ebene zur Turmuhr. Ein Fernglas mitzubringen, ist eine hervorragende Idee, da die nahe gelegenen Orte von hier oben gut zu betrachten sind.

Auch Christus auf dem Kreuz blickt in Richtung Burg Perchtoldsdorf. Drei Figuren befinden sich in unmittelbarer Nähe zu ihm. Die Frau in der Mitte blickt mit gefalteten Händen zum Gekreuzigten empor.

Anno 1683, im Jahr des großen Türkenkrieges, soll sich hier ein wundersames Ereignis zugetragen haben: Als die Bewohner von Perchtoldsdorf am 15. Juli die ursprünglich als „Zufluchtsort“ vorgesehene Kirchenfestung allzu vertrauensselig an eine türkische Streifschar übergaben, anschließend jedoch am Marktplatz trotz Zahlung eines Lösegeldes ein furchtbares Massaker begann, gelang es einem jungen Mädchen sich davonzustehlen. Seine Flucht blieb aber nicht unbemerkt und einige Türken setzten dem Mädchen nach, das in seiner Verzweiflung den Weg auf den Hochberg wählte und rannte, was die Füße hergaben. Auf der Anhöhe angekommen, soll es erschöpft zusammengebrochen sein, mit letzter Kraft, voll Todesangst, konnte es nur mehr ein Stoßgebet gegen den Himmel schicken. Und siehe da – plötzlich stellte sich seinen blutgierigen Verfolgern ein strahlender Ritter in blitzender Rüstung und mit blankem Schwert entgegen. Dem Mädchen schwanden bei diesem Anblick die Sinne, als es aus seiner Ohnmacht erwachte, lagen die türkischen Streiter tot in seiner Nähe am Boden, der Retter war aber spurlos verschwunden …

Oben: Blick vom Hochberg auf die Burg Perchtoldsdorf.

Unten: Schauplatz einer wundersamen Begebenheit am Hochberg: die Figurengruppe aus dem 18. Jahrhundert mit dem gekreuzigten Christus.

Quellen- und Literaturverzeichnis

QUELLENTEXTE, AUTOBIOGRAFISCHES

Badener Sagen. Gesammelt von Carl Calliano. Baden o. J.

Carl Calliano, Niederösterreichischer Sagenschatz. Band 2. Wien 1924

Der Fremdenführer in Wien und in dessen nächste Umgebungen. Ein bequemes Taschenbuch für Fremde. Wien: J. P. Sollinger 1841

Franz Anton de Paula Gaheis, Spazierfahrten in die Gegenden um Wien. Den Freunden des ländlichen Vergnügens gewidmet. Wien 1794

Der Garten zu Beloeil nebst einer kritischen Übersicht der meisten Gärten Europens. Aus dem Französischen des Herrn Fürsten de Ligne übersetzt und mit einigen Anmerkungen und einer Vorrede begleitet von W. G. Becker. Reprint der Ausgabe Dresden 1799, mit Nachbemerkungen und einem Register versehen von Ludwig Trauzettel. Wörlitz 1995

Karl Haiding, Österreichs Sagenschatz. Wien 1965

Joseph Adalbert Krickel und Franz Gustav Adolph Ressel, Baden (bei Wien) und dessen Umgebungen sammt allen näheren und entfernteren Ausflügen. Wien 1851

Auguste de La Garde, Gemälde des Wiener Kongresses 1814–1815. Nach dem Französischen mit Benützung von Ludwig Eichlers Übersetzung neu herausgegeben und eingeleitet von Dr. Hans Effenberger. Wien-Leipzig 1912

Rudolf Maurer, Der Schwefelmann. Das Badener Sagenbuch. 2. erw. Auflage Baden 1997

Friedrich Schattauer (Bearb.), Der Sichelhannes und andere Sagen aus dem Viertel unter dem Wienerwald. Wien 1968

Friedrich Schlögl, Wienerisches. Wien 1883

Adolf Schmidl, Wiens Umgebung auf zwanzig Stunden im Umkreis. 3 Bde. Wien 1835–1839.

Josef Schöffel, Erinnerungen aus meinem Leben. Wien 1905

Gustav Lothar Schremmer, Die Sagen des Kahlengebirges. Wien 1922

Johann Gabriel Seidl, Wiens Umgebung. Ein Wegweiser für Freunde der schönen Natur. Wien 1926

Lulu von Thürheim, Mein Leben. Erinnerungen aus Österreichs großer Welt. Herausgegeben von René van Rhyn. 2 Bände. München 1913

Theodor Vernaleken, Mythen und Bräuche des Volkes in Österreich. Als Beitrag zur deutschen Mythologie und Sittenkunde. Wien 1859

Hermann Watzl (Hg.), Flucht und Zuflucht. Das Tagebuch des Priesters Balthasar Kleinschroth aus dem Türkenjahr 1683. Graz-Köln 1983 (= Forschungen zur Landeskunde von Niederösterreich, Bd. 8)

Franz Carl Weidmann, Die Umgebungen Wien's historisch malerisch geschildert. Wien 1839

Franz Carl Weidmann, Andeutungen zu Ausflügen von einem halben Tag bis zu vier Tagen mittels der beiden von Wien auslaufenden Eisenbahnen. Wien 1842

Bruno Zimmel und Hildegunde Suete-Willer (Hg.), Sagen aus dem Wienerwald. Wien-Rodaun 1986

QUELLEN- UND LITERATUR-VERZEICHNIS

AUSGEWÄHLTE SEKUNDÄRLITERATUR

Friedrich Achleitner (Hg.), Die Ware Landschaft. Salzburg 1977

Erik Arnberger und Rudolf Wismeyer, Ein Buch vom Wienerwald. Wien 1952

Senta Baumgartner · Othmar Pruckner, Die Gegend hier herum ist herrlich. Reisen zu Dichtern, Malern und Musikern in Niederösterreich. Wien 1996

Franz Bayer, Breitenfurt und seine Geschichte. Ein Heimatbuch. Breitenfurt 1980

Stephan Biedermann, Neulengbach. Die Perle unseres Wienerwaldes in Vergangenheit und Gegenwart. Neulengbach 1921

Philipp Bogler, Land und Leute aus dem Wienerwald, deren Haus und Hof, Sitten und Gebräuche. Wien 1879

Robert Bouchal/Wolfgang Kalchhauser, Mystischer Wienerwald. Wien 1999

Robert Bouchal und Josef Wirth, Verborgener Wienerwald. Wien 2003

Robert Bouchal, Höhlenfahrtenberichte aus dem Jahre 1998. Maria Enzersdorf 1998

Robert Bouchal und Johannes Sachslehner, Sagenhafter Wienerwald. Mythen · Schicksale · Mysterien. Wien 2007

Jacques Brosse, Mythologie der Bäume. Olten 1990

Rudolf Büttner, Befestigungsanlagen im Wienerwald um die Jahrtausendwende. Wien 1956 (= Mitteilungen der Kommission für Burgenforschung 7)

Rudolf Büttner, Burgen und Schlösser zwischen Wienerwald und Leitha. Wien 1966

Rudolf Büttner, Burgen und Schlösser zwischen Greifenstein und St. Pölten. Wien 1969

Rudolf Büttner, Peter Müller u.a., Neulengbacher Heimatbuch. Neulengbach 1984

C. Cerny, Magisch reisen – Österreich. Lebendiges Brauchtum und alte Kultplätze. München 1992

Robert Dix, Raritäten und Kuriositäten in Niederösterreich. Wien 1972

Döbling. Eine Heimatkunde des XIX. Wiener Bezirkes. Herausgegeben von Döblinger Lehrern. Wien 1922

Josef Donner, Dich zu erquicken, mein geliebtes Wien ... Geschichte der Wiener Wasserversorgung von den Anfängen bis 1910. Klosterneuburg o. J.

Erich und Christl Dorfner, Alland an der Via Sacra im Wienerwald. Kapellen, Marterln, Bildstöcke. Herausgegeben von der ÖVP Alland. Alland 2005

Robert Eder, Von Gestern und ehegestern. Gesammelte Aufsätze aus Mödlings Vergangenheit und Gegenwart. Mödling 1919

Rudolf von Eichthal, Der ersten Liebe goldne Zeit. Altösterreichische Liebesgeschichten. Wien 1956

Ilse Ellmerich (Hg.), Das Buch vom Wienerwald. Wien 1967

Franz Eppel, Kunst im Lande rings um Wien. Ein Kunstführer. Wien 1963

Egon Fenz (Hg.), Kulturstraße im Wienerwald. Wien 1962

Michael Müllner, Die Einödhöhlen bei Pfaffstätten. Wien 1925 (= Natur- und höhlenkundliche Führer durch Österreich, herausgegeben von der Bundeshöhlenkommission, Bd. 8)

Waltraud de Martin, Schloss Weilburg in Baden bei Wien. Entstehung und Geschichte. Budapest 1998

Martin Ninck, Die Bedeutung des Wassers in Kult und Leben der Alten. Eine symbolgeschichtliche Untersuchung. Leipzig 1921

Ferdinand Opll, Brunn am Gebirge · Perchtoldsdorf · Maria Enzersdorf am Gebirge. Wien 1984 (= Niederösterreichischer Kulturführer, herausgegeben von Felix Czeike)

Ottakring. Ein Heimatbuch des 16. Wiener Gemeindebezirkes. Herausgegeben von der Arbeitsgemeinschaft für Heimatkunde in Ottakring. Wien 1924

Artur Pietschmann, Von Irrlichtern und Wassergeistern. Mit besonderer Berücksichtigung des Gebietes zwischen dem Wienerwald, der Donau und dem Perschlingtal. In: Unsere Heimat, 40. Jg. (1969)

Pia Maria Plechl, „Gott zu Ehrn ein Vatterunser pett". Bildstöcke, Lichtsäulen und andere Denkmale der Volksfrömmigkeit in Wien. Wien 1971

Johann und Irmtraud Redl, Merkenstein. Die Geschichte der Burgruine, des Schlosses & der Herrschaft Merkenstein. Eine Zusammenstellung. Hrsg. von der Stadtgemeinde Vöslau. Bad Vöslau 2009

Victor von Renner, Wien im Jahre 1683. Geschichte der zweiten Belagerung der Stadt durch die Türken. Wien 1883

Inge Resch-Rauter, Auf den Spuren der Druiden. Landschaft und Steine, Festtags-Bräuche und Märchen als Zeugen der großen europäischen Vergangenheit. Wien o. J.

Anton Rieder, Der Wienerwald. Natur, Geschichte und Kultur einer einzigartigen Landschaft. Wien 2002

C. Rollett, Baden in Österreich, seine reichlichen Quellen und deren heilende Kräfte, seine vorzüglichen Merkwürdigkeiten und malerischen Umgebungen. Wien 1838

Karlheinz Roschitz, Viertel unter dem Wienerwald. Portrait einer Kulturlandschaft. Wien 1977

Karlheinz Roschitz und Franz Hubmann, Viertel ober dem Wienerwald. Westlicher Wienerwald · Voralpenland · Mostviertel. Portrait einer Kulturlandschaft. Herausgegeben von der Niederösterreich-Gesellschaft für Kunst und Kultur. St. Pölten-Wien 1979

Johannes Sachslehner, Anno 1683. Die Türken vor Wien. Wien 2011

Anton Schachinger und Karl Lechner, Der Wienerwald. Eine landeskundliche Darstellung. Wien 1934 (= Forschungen zur Landeskunde in Niederösterreich Band 1/2)

Anton Schachinger, Das kaiserliche Waldamt und die Herrschaft Purkersdorf im letzten Viertel des 17. Jahrhunderts. In: Jahrbuch für Landeskunde von Niederösterreich, Jg. 29 (1948), S. 167 ff.

Hans P. Schad'n, Die Hausberge und verwandte Wehranlagen in Niederösterreich. Wien 1953 (= Prähistorische Forschungen, Heft 3)

Anton Scheiblin, Die Wandlungen des Wienerwaldes. Wien 1947 (= Kleinbuchreihe „Österreich", Bd. 5)

Anton Scheiblin, Der Wienerwald. In: Wien um die Mitte des XX. Jahrhunderts. Wien 1958, S. 151–163

Eleonora Schmied, Wienerwalddichtung. (Phil. Diss.) Wien 1936

Hermann Schwammenhöfer, Archäologische Denkmale. Viertel unter dem Wienerwald. Wien 1988

QUELLEN- UND LITERATUR-VERZEICHNIS

Mario Schwarz, Fürst Johann I. von Liechtenstein und die romantische Landschaftsinszenierung im südlichen Niederösterreich. In: Götz Pochat (Hg.), Natur und Kunst. Graz 1987, S. 146–165

Gerhard A. Stadler, Das industrielle Erbe Niederösterreichs: Geschichte, Technik, Architektur. Wien 2006

Rudolf Stadler, Die Wasserversorgung der Stadt Wien in ihrer Vergangenheit und Gegenwart. Denkschrift. Wien 1873

Gerhard Trumler, Das Buch vom Wienerwald. Landschaft · Kultur · Geschichte. Wien 1985

Wilhelm Twerdy, Beiträge zur Geschichte des Wienerwaldes. 2 Bände.
Budapest, Schwarzach, Bruck an der Leitha: 1998

Gertrude Vaculny, Die Burgen am Ostabfall des Wienerwaldes zwischen Wienfluß und Mödling. Wien 1954

Währing. Ein Heimatbuch des 18. Wiener Gemeindebezirkes. Herausgegeben von der Arbeitsgemeinschaft Währinger Heimatkunde. Wien 1923/24

Viktor Wallner, Ludwig van Beethoven und Baden. Baden 1994

Walter Wenzel, Aussichtswarten im Wienerwald. Herausgegeben von den Sektionen Baden und Wienerwald des ÖTK. 2002

Heinrich Werner, Stimmungsbilder aus dem Wienerwald. Wien 1926

Friedrich Winna, 850 Jahre Purkersdorf 1130–1980. Eine Heimatkunde zum 850-jährigen Gedenken der ersten Nennung des Ortsnamens der Wienerwaldstadt Purkersdorf (Purchartesdorf – Purkersdorf). Purkersdorf 1980

Friedrich Winna, Die 1000jährige Geschichte des Wienerwaldes. Wien 2000

Peter Wohlleben, Das geheime Leben der Bäume. Was sie fühlen, wie sie kommunizieren – die Entdeckung einer verborgenen Welt. München 2015

Hertha Wohlrab, Penzing. Geschichte des 14. Wiener Gemeindebezirkes und seiner alten Orte. Wien 1991

Karl Ziak, Von der Schmelz auf den Gallitzinberg. Gang durch Gassen meiner Kindheit und durch die Geschichte Ottakrings. Wien 1969 (= Wiener Heimatkunde)

Bruno Zimmel, Kammerstein und Teufelsmühle. Sagen, Legenden und geschichtliche Erzählungen aus dem Wienerwald. Wien 1962

BILDNACHWEIS

Kartensammlung der Österreichischen Nationalbibliothek: 166

ÖNB-Bildarchiv/picturedesk.com: 140

Ledermann, Postkartenverlag/ÖNB-Bildarchiv/picturedesk.com: 163

Sammlung Sachslehner: 17, 21 (rechts), 23, 119, 175 (links)

Archiv Styria Verlag: 124

Heimatkunde des Bezirkes Baden. Herausgegeben vom Ausschuss für Heimatkunde des Bezirksschulrates Baden (Wien und Leipzig 1928): 123

Planzeichnungen: Robert Bouchal

Alle anderen Fotos sind Originalaufnahmen von Robert Bouchal.

DIE AUTOREN & DANKSAGUNG

ROBERT BOUCHAL
widmet sich seit über 30 Jahren der Erforschung und Dokumentation seiner Heimat Österreich, die Auseinandersetzung mit geschichtsträchtigen Orten ist dem Höhlenforscher, Fotografen und Autor ein besonderes Anliegen.
Zahlreiche seiner Publikationen finden Sie auf www.bouchal.com.

JOHANNES SACHSLEHNER
geb. 1957 in Scheibbs, Dr. phil. Zahlreiche Publikationen. Zuletzt erschien bei Styria von ihm und Robert Bouchal der Band *„Lost Places* in Wien & Umgebung".

DANKSAGUNG
Karl Berger | Felix Krepler | Otto Müller | Moritz Scheer
Wolfgang Schulz | Ing.in Astrid Rompolt, MA 31, Wiener Wasser
Mag. Karin Fischer-Ausserer, Stadtarchäologie Wien
Gustav Posset | Susanne Bouchal und Katharina Sachslehner
Für den Auftritt im www. bedanken wir uns bei Andreas Hajek.

EINE BITTE AN UNSERE LESERINNEN UND LESER

Der Wienerwald ist eine geschichtsträchtige Landschaft. Seit vielen Jahren forschen wir hier und entdecken zu unserem Erstaunen immer wieder neue, uns bislang nicht bekannte Spuren der Vergangenheit. Wir recherchieren hier ständig und sammeln uns anvertraute Erlebnisberichte, Geschichten und Erzählungen, um sie für die Nachwelt zu erhalten. Ganz besonders suchen wir Hinweise aus der Zeit von 1936 bis 1955. Wenn Sie Angaben aus der Zeit des Zweiten Weltkrieges machen können, würden wir uns freuen. Wir suchen Aufzeichnungen, Tagebücher, Schriftstücke und natürlich auch Fotografien aus dieser Zeit.

Wir bedanken uns bereits jetzt für Ihre Mithilfe und wünschen Ihnen viel Freude mit Ihrem Buch.

Robert Bouchal und Johannes Sachslehner

UNSERE KONTAKTDATEN:
Robert Bouchal: *www.bouchal.com · cave@kabsi.at*
Johannes Sachslehner: *johannes.sachslehner@aon.at*

LIEBE LESERIN, LIEBER LESER,

haben Ihnen die Ausflüge in den Wienerwald gefallen?
Dann freuen wir uns über ihre Weiterempfehlung, Austausch und Anregung unter
leserstimme@styriabooks.at

Inspirationen, Geschenkideen und gute Geschichten finden Sie auf
www.styriabooks.at

STYRIA
BUCHVERLAGE

ISBN 978-3-222-13684-9

Bücher aus der Verlagsgruppe Styria gibt es
in jeder Buchhandlung und im Online-Shop
www.styriabooks.at

Projektleitung: Sophie Wolf
Coverfoto: Robert Bouchal
Covergestaltung und Layout: Daniela Vogl/KettnerVogl – Grafikdesign
Kartographie: Extraplan (Birgit Mayer)
Herstellungsleitung: Maria Schuster

Druck und Bindung: Finidr
Printed in the EU
7 6 5 4 3 2 1

Papier 100 % Recyclingpapier NAUTILUS® SuperWhite
Klimaneutraler Druck bei Finidr

Product footprint CO_2 Neutral NC-CFM-015258 www.nepcon.net

FSC www.fsc.org MIX Papier aus verantwortungsvollen Quellen FSC® C014138